丝绸简史

[美] 安东尼·伯顿 著

黄丹羽 岑红 译

中国科学技术出版社

·北 京·

图书在版编目（CIP）数据

丝绸简史 /（美）安东尼·伯顿著；黄丹羽，岑红
译 . -- 北京：中国科学技术出版社，2023.7
ISBN 978-7-5046-9947-3

Ⅰ. ①丝… Ⅱ. ①安… ②黄… ③岑… Ⅲ. ①丝绸之
路—历史 Ⅳ. ① K928.6

中国国家版本馆 CIP 数据核字（2023）第 082993 号

著作权合同登记号：01-2022-6215

策划编辑	徐世新
责任编辑	向仁军　张耀方
封面设计	中文天地
正文设计	中文天地
责任校对	吕传新
责任印制	李晓霖

出　　版	中国科学技术出版社
发　　行	中国科学技术出版社有限公司发行部
地　　址	北京市海淀区中关村南大街 16 号
邮　　编	100081
发行电话	010-62173865
传　　真	010-62173081
网　　址	http://www.cspbooks.com.cn

开　　本	710mm×1000mm　1/16
字　　数	158 千字
印　　张	12.25
版　　次	2023 年 7 月第 1 版
印　　次	2023 年 7 月第 1 次印刷
印　　刷	北京瑞禾彩色印刷有限公司
书　　号	ISBN 978-7-5046-9947-3 / K·367
定　　价	118.00 元

前　言

正如德斯蒙德·莫里斯（Desmond Morris）几年前所言，人类即裸猿。因此，我们的体表不像猿类祖先那样，有长长的毛发起保护作用。最初人类穿衣时，衣服的作用正是保护人体不受侵害，但随着时间推移，衣物也更精致、更有装饰作用。而社会等级制度形成后，服饰也成了财富和地位的象征。丝绸，则最能彰显地位和威望。丝绸服饰已有五千年的历史了，让我们一起研究丝绸，一览丝绸之路上流转的思想、技术和宗教吧。

我在约克郡西区长大，那里是羊毛工业的中心。小时候，我去纳尔斯伯勒的学校上学，曾被老师带着参观过尼德河下游的小作坊。那儿不产羊毛面料，而生产一种更高档的亚麻布。从那时起，我便对那些纺织机械着了迷。在我撰写于1975年出版的那本《革命的遗迹》时，曾初步研究过纺织品的历史，后来又写了些研究棉花工业的著作。在撰写本书前，我与英国广播公司（BBC）电视剧频道合作，探访了印度，有机会看到当地织工编织精美丝绸，但那时，我仍对丝绸史兴致寥寥。后来，我开始为探索频道制作纪录片，我在里昂居住了一段时间，参观了当地的丝绸博物馆、丝绸工厂和车间，在那里发现了大量的丝绸工业历史。回到英国后，我又参观了埃塞克斯郡和汉普郡的丝绸工厂，以及麦克尔斯菲尔德丝绸博物馆。我去的地方越来越多，对丝绸的兴趣也越来越浓，我讲述的故事也会越来越有意思。

我在里昂仔细观察了提花机的工作和制作穿孔纹板的机器，第一次意识到，丝绸的发展史对整个工业文明的发展有多重要。我早年曾使用过一台早期只能进行数据运算的计算机，需要使用穿孔纸带输入和输出，这和提花机的穿孔纹板太相似了。我开始深入研究丝绸和丝绸之路的历史，也从中体验到了诸多乐趣——无聊的飞蛾竟能产出非凡的丝，进而影响着我们生活中诸多领域的发展。我十多年前在里昂的那段经历，正是本书的起源。

安东尼·伯顿

2021 年，于斯特劳德

丝绸专业术语表

丝的种类

无暴力和平丝：由印度野生蚕蛾生产，蚕蛾可以经历完整的生命周期，破茧而出。蚕蛾破茧后再进行缫丝，生产出无暴力和平丝。

蓖麻蚕丝：与无暴力和平丝类似，蚕蛾也可经历完整的生命周期。蓖麻蚕以蓖麻为食。

蒙加丝：阿萨姆邦本土的一种蚕蛾所吐的丝，有金色光泽，十分耐用。

丝绸面料及组织

锦：一种华丽的丝织面料，纬纱采用多种颜色，看起来很像刺绣。英文名 brocade 源于意大利语 brocatto，意思是"凸起的布"。需要使用提花机织造。

绮：一种平纹丝绸面料，与锦不同，只用单纬纱作业。通常使用经面缎织制作。英文名 Damask 源于这种面料到达的第一座城市大马士革（Damascus）。

花绉：所有织有纹样的丝织品都可称为花绉。

光亮绸：一种表面有光泽的丝织品，通常需使用延压工艺。

纺缎：用废丝纺纱后织成的缎。

缎：最初产于中国泉州，通过海上丝绸之路到西方国家，被西方称为刺桐（zayton）——即当时泉州的别称。缎纹组织使用基本的织造方法，纬纱一次穿过多根经纱。以四枚缎为例，纬纱从上方穿过三根经纱，再从下方穿过一根经纱，以此类推。八枚缎最柔软，纬纱以 7∶1 的比例穿梭于经纱之间。

丝绒：织造丝绒时，需要引入起绒圈，切割起绒圈形成绒。如果绒长超过 1/8 英寸（合 0.3175 厘米），即为长毛绒。

波纹绸：使用延压工艺，用有沟槽的辊将丝绸压出水波的效果。

平纹组织：最简单的丝绸织制方法，纬纱从经纱上方和下方交替经过。

斜纹组织：基本编织类型之一。一次使用两根或多根纬纱通过经纱，在下一次投梭之前，移动纬纱形成斜纹。

丝绸工艺及使用材料

缫丝：从茧上抽丝并缠绕在卷轴上的工艺。

捻丝：缫丝后，将丝线捻到一起的工艺。

梳丝：使用镶有金属丝的板子梳理蚕丝纤维。该工艺只用于梳理废丝。

调丝：一种梳丝工艺，通过梳理分离、排列野生蚕丝。

延压：将面料对折，使正面朝内，而后用罗拉压面料，使其表面光滑。

缝饰：又名"贴花""嵌花"。一种装饰工艺，顾名思义，将一块布料缝在主要面料的上方，产生凸起的图案。

综丝：穿过经纱的细丝。综丝提起、落下，可产生梭口，使梭子带着纬纱通过。

经纱和纬纱：经纱固定于织机上，从织机后部的辊筒延伸至织机前部。纬纱穿梭于经纱之间，以梭子引纬。

分经杆：通常为一根杆，将经纱以奇偶数分开，放在织机的综丝和后辊之间。

织 机

束综提花机：束综提花机的发展是为了通过操纵经纱织制复杂的纹样。该种提花机需要一个男孩坐在提花机顶部，需要穿梭时适时以正确顺序提起经纱。

贾卡提花机：严格来说，贾卡提花机不是一种织机，而是可以添加到织机上的部件。它使用穿孔卡片创造纹样，再用卡片操纵综丝运动。若控制综丝的杆能穿过卡片，则提起综丝；若无法穿过卡片，则综丝位置不变。使用贾卡提花机可代替束综提花机顶部的提花工。该提花机以其发明者贾卡的名字命名。

骡机：又称"走锭精纺机"。最初为棉花工业研制的纺纱机。将线缠绕在主框架背面的线轴和轮式锭纺锤上。纺锤驶离主框架，就会将线轴上的线拉出，开始纺纱；纺锤到达终点时，转动加捻，而后返回，返回时线被缠绕在纺锤上。

棉纺机：最初是一种蒸汽动力纺纱机，基于阿克莱特的水力纺纱机制造而成。前后滚轮转速不同，纱线通过滚轮时被拉长、加捻。

目录

前言   I

丝绸专业术语表   III

第一章   家蚕   1

第二章   丝绸之路   12

第三章   丝路上的发明与创新   25

第四章   丝绸业的西传   41

第五章   文艺复兴时期的欧洲丝绸史   52

第六章   丝绸织机的自动化   70

第七章   英国丝绸工业   83

第八章   伦敦以外的丝绸工业   105

第九章   废丝   119

第十章   美国丝绸业   130

第十一章   科学与丝绸   146

第十二章   现代丝绸业   156

第十三章   人造丝与蜘蛛网   176

鸣谢   182

参考文献   185

第一章

家　蚕

在我面前的书桌上，放着一个约 5 厘米长的白色长椭圆柱形，看起来很像药房中的胶囊，但外表并不光滑，摸起来有点儿像羊毛的触感。读者朋友们可能已经猜到了，这正是一个家蚕的茧。家蚕又称桑蚕，与野桑蚕是近亲；而茧，只是它们看似无趣的生命中一个小小的阶段。

关于家蚕的故事，要从雌性蚕蛾讲起：一只雌蛾会在三四天内产 500 余枚卵，而后死去。这些蚕卵又小又轻，一百枚加起来也不过一克重。两周后，一条条幼虫由此诞生。它们卖力地蚕食着桑叶，却也不是什么都吃——这些挑剔的食客，只能在白桑树上茁壮成长。它们非常贪吃，出生一个月后会增重一万倍。如果您参观家蚕的养殖场所，便会听到它们持续不断、小口咀嚼的声音。在这一个月中，它们会蜕四次皮，从黑毛白色的蚁蚕幼虫变成皮肤光滑而微黄的五龄蚕。之后，它们便开始吐丝结茧，在茧内化蛹，以茧保护蛹。每只蚕吐出的丝都极长，可达 600~900 米。蚕蛹在茧中羽化成蛾，蚕蛾分泌酶溶解丝，而后破茧而出。野生蚕蛾会飞出蚕茧，但家蚕蛾却不行——它们身体过于沉重，飞不起来。但若想以此证明家蚕蛾不活跃，可就大错特错了。雌性蚕蛾会分泌强力的信息素，促使雄性蚕蛾兴奋起来，与其进行交配。交配后，蚕蛾很快死亡，新的生命周期重新开始，周而复始。

家蚕幼虫
于伯恩霍尔姆蝴蝶公园（Bornholm Butterfly Park）的白桑树上。

在地球上出现人类以前，野生蚕已经完成了它们的进化，同样遵循着上述的生命循环模式，只为它们自己吐丝结茧。那些毛茸茸的茧与我桌上的这枚并没有什么两样，而有趣的是：究竟是什么赋予了它们价值呢？这让我不禁想起一位作家，他认为，蛋黄酱的存在证实了上帝是真实存在的——如果没有得到神明的启示，怎么会有人想到在蛋黄中滴油呢？在中国传说中，丝绸的发现也的确与神仙有关。

据传说，有一天，皇帝轩辕氏的元妃——被当地人传为神仙的嫘祖，正在桑树下饮茶，突然一枚茧扑通一声掉入她的茶杯，在热茶汤中松动成丝。她作为活神仙，立刻觉察到其中的意义，吩咐其仆人从中抽出细细的丝线，又设计出一款可以纺丝的织机。我们可能对这个传说的真实性存疑，考古发现表明，真正的丝绸史，其实可以追溯到更早以前。在中国浙江省的考古遗址中出土的丝线和绢片，经证实是公元前 3000 年前后的，这与传说中的时间较为相符；而在另一次考古发现中出土的蚕纹牙雕碗（指距今 6000 年左右的河姆渡遗址出土的牙雕小盅——编者注），则可以把中国丝绸史再往前推至少 1000 年。然而在这些令人震惊的数据背后，西方世界对丝绸来源与生产方式的了解，比古老的中国足足晚了几千年。

姑且不提丝绸的生产史究竟能追溯到何时，其可考的发展史极其漫长。蚕蛾科昆虫在许多国家都有不同的野生品种，而我们今天所熟知的家蚕（身体沉重、不会飞行、眼盲，能产出纤细光滑的丝），一定是一代又一代中国人殚精竭虑地杂交培育野生蚕才得到的结果。培育出能结优质丝的家蚕后，中国人还研究出它们的最佳饲养方法。

千百年来，中国人养蚕的方法几乎从未变过。蚕卵期需注意控温，从最初的 18℃ 逐步升温到 25℃。蚕卵孵化后，需将蚕的幼虫放在垂直分层架子上的托盘中，每小时喂一次手工采摘的桑叶，直至结茧。八九天后，采用烘茧或蒸茧的方法杀死蚕蛹，因为若允许它们继续羽化成蛾，则会损坏丝质。这时摇一摇茧，可以听到死去的蚕蛹在茧中四处乱撞发出的声音。之后，就可以把茧放入热水中开始缫丝了。当茧在热水中开始变松时，丝素还被丝胶包裹着，正是这些胶原蛋白成分，将丝粘成了茧。将丝胶溶化洗净后，剩余的部分就是丝素了。这是一种密集型工艺，生产 1 磅丝（相当于 454 克丝）约需要 2500 枚茧。部分蚕蛹不会被杀死，它们的作用是繁衍后代。飞蛾破茧后留下的断丝也不会被浪费，它们虽然较短，但也可用于填充襦、袄等短上衣，或用在其他地方。许多世纪之后，才有人找到更佳的用途。

| 马尔吉兰（乌兹别克斯坦东部城市）丝绸工厂中的蚕茧。

我们不知道中国古代社会丝织品制造过程的确切细节，但其整体步骤一直保持到今天。首先是缫丝：剥茧抽丝并缠绕在线轴上。在这一步骤中的某个阶段，同时对多个蚕茧进行抽丝。下一步是捻丝：将多股蚕丝捻到一起制成纱线，所需的股数取决于纱线在织机上的用途。经纱要比纬纱更有韧劲儿，因此需要密度更大、捻入更多股丝。缫丝可能听起来很简单，但实际上远非如此。任何两枚茧所产生的蚕丝长度都不相同，甚至相差悬殊——一些只有短短的 300 米，而另一些则可长达 1200 米。还需注意：一定不能从最内侧靠近蚕蛹的部位取丝，因为这个部位通常丝质最差。浸泡蚕茧的热水也要注意温控，不能过热，否则丝会溶解；水质也会影响丝质，硬水可能会使得丝胶发脆，而无法溶解掉它。因此，完成这项工作需要掌握一些技巧，并付出极大的耐心。

中国缫车

将茧浸泡于左侧的热水盆中，用手抽丝并缠绕于右侧的丝軖（音 kuáng，意为"框"）上。

几千年前的织丝方法已不可考，但一些织机类型仍流传了下

来。公元前3000年前后的古埃及，采用的是水平织机（又称"卧式织机"）。它由两根平行着钉在地上的木梁组成，经纱以八字形缠绕在两根木梁之间。经纱分奇偶两层，奇数纱固定在位于经纱上方的提综杆上，偶数纱固定在位于经纱下方的梭口杆上。首先拉起提综杆，奇数经纱上升，奇偶经纱间会形成空隙，即梭口，纺织者可用手或梭子引导纬纱穿过其中。之后降低提综杆，升起梭口杆，奇偶经纱位置交错，形成新的梭口。而后代替水平织机的是立式织机。在头顶悬一根梁，将经纱系于其上，并在织机底部悬挂重物，将经纱绷紧。立式织机与水平织机的工作原理相仿。

墨西哥，一位妇女使用腰机进行编织。

我们再来看一种早期织机，经考证，最古老的织机是中国腰机

（2020 年，在距今 7000—8000 年的浙江萧山跨湖桥遗址中，出土了部分踞织机也称腰机的零件。——编者注）。距今约 6500 年的浙江余姚河姆渡遗址中，曾出土了部分原始腰机的零件。这种织机把经纱的一头系在木桩或树干等固定的物体上，另一头系在织工的腰上。织工身体前倾使纱松弛，而后将置于纱线之间的滚轴拉向自己，形成梭口；之后，身体再后仰拉紧纬纱，使用细绳提起另一半纬纱，形成新的梭口。世界范围内的许多国家和地区至今仍在使用这种织机，确实令人意外。

早期织机生产的是平纹织物，到了公元前 5 世纪，开始使用颜料在丝绸上作画，创作出艺术臻品和装饰衣物的织品。首先用石头敲打布料，让丝绸表面更光滑，而后用煤烟、胶、色素，或用孔雀石等矿物质制成颜料，绘制在丝绸上。作画的工具通常会选用动物毛发制成的刷子。

可以想见，当第一匹丝织品问世时，引起了怎样的轰动。在此之前，世人从未见过如此美丽的布料。它质地轻盈却冬暖夏凉，甚至

辛追墓 T 形帛画（公元前 108 年）

绘制于丝帛上的铭旌，即招魂幡。从下向上，展示了辛追从人世去往天国的历程。

还闪闪发光——随着光和影的变化，丝织品的色泽会呈现出微妙的变化。现代人很容易理解其原理：若将它置于显微镜下观察，就会发现其横截面大致呈三角形，整根线就像一只细长的三棱镜。光线通过棱镜时会发生折射，再照射在另一个面上，呈现出由红到紫的光谱。

丝绸呈现出柔和而栩栩如生的效果，充满异域风情。因此，皇帝颁布法令，只允许皇室成员穿戴丝绸织品，而当朝臣作出特殊贡献时，也会被授予如此殊荣，表示对他们的嘉奖。皇帝通常在宫殿内穿着白色丝织品，而外出时，皇帝、皇后和太子着黄袍。为了独享丝绸、保护丝绸制造的秘密，法律禁止任何人向外国人透露制造细节，也不允许将蚕卵带出国门，否则将招致杀身之祸。

然而，垄断没能永远持续下去，丝绸还是慢慢普及开来。至公元前 5 世纪，多地参与了丝绸制造事宜，生产全过程几乎都掌握在妇女手中，她们负责养蚕、缫丝、纺纱、印染、织造。她们每年花 6 个月在这件事上。每年开始养蚕之际，由皇后亲自率领众人举行祭拜仪式。自公元前 206 年（西汉时期）起，开始大规模进行丝绸制造。上等丝绸被赏赐给朝臣和其他作出贡献的人。过去以黄金的重量作为衡量财富价值的标准，在此时已变为用丝绸进行衡量了。人们用它支付税收。此外，还发展出在丝绸上绘制美妙的画卷，并将画卷制成精美服饰的工艺。这不仅需要扩大丝绸产量，同时也意味着需要饲养大量的蚕、种植大片桑树：据估算，每生产 12 磅（约为 5.44 千克）丝素，需要用一吨桑叶来喂蚕。

随着丝织品远销海外，中国的制丝工艺终将揭开神秘的面纱。自公元前 206 年始，虽然汉朝的统治者十分想要独享丝绸，但他们更想要赚取外国人的钱——当然，前提是将丝绸的本质和制作工艺作为秘密，永远保留在中国的土地上。于是，他们开始

A Chinese Silk Weaver at Work in his Loom.
Printed for Carington Bowles in St Pauls Church Yard, London.

与异邦人开展丝绸贸易。丝绸，终于离开了中国这个东方的超级大国，找到了通往西方强国罗马的道路，并在那里迷住了所有人。罗马人自然而然地认为，丝绸是一种质地上佳的"棉织品"，生长在与棉类似的灌木上。罗马专家们不希望显示出自己的无知与困惑，便大胆猜测、用看似合理的语言描述了这种植物及加工方式，老普林尼（Pliny the Elder）可谓是这其中想象力最丰富的一位。他详细阐述了丝绸这种植物，以及如何种植它、如何将它浸泡在水中去除叶子背面的绒毛，并最终得到这种纺织纤维。他还就丝绸这个话题发表了其他见解。他认为，女士们身着薄薄的、半透明的丝绸衣物，有伤风化，他对此极为反对。他还对帝国购买丝绸这种奢侈品所花费的巨额黄金表示不安。几百年后，丹尼尔·笛福（Daniel Defoe）也用类似的论调，谴责以损害当地羊毛为代价而大量进口印度棉的行为，但是他很清楚，这一仗，他永远赢不了：

中国织工使用立式织机工作图
经纱从上至下呈现出立面，织工正手持梭子穿过梭口。

> 过去、现在和将来的国王和议会成员们，都管不
> 住我们对印度棉的喜爱。他们可以制定法律、向人们展
> 示这些法律如何为大家的利益着想，但他们实在难以掌
> 控两件事：人们的激情和对时尚的追求。

罗马的贵妇们和上述 18 世纪的英国人并没什么两样，用笛福的话来说，她们不会"按照法律和议会法案穿衣打扮"。黄金储备减少、帝国收支不平衡，都不如她们对时尚的渴求那么重要。

随着越来越多的人发现公众对丝绸的喜爱，打破中国垄断市场、寻找解密方法的愿望便愈加强烈。但是，当时的中原王朝禁止对外输出蚕丝技术，于是就有了"传丝公主"的故事。不得不说，这个故事还真有一点儿传奇意味呢。

公元 5 世纪，在古代中国边疆的西域王国于阗（Khotan），有位王子成功娶到一位中国公主。她在去往西域的路上，穿戴着最华美的服饰与珠宝，梳着最精致的发型（有点儿像 20 世纪 60 年代的蜂窝发型），将头发一层一层堆叠得很高，再将蚕卵与蚕茧藏于发中。和亲公主就这样把蚕卵和蚕茧带到了于阗国，使他们具备了制丝所需的一切条件，开启了该国的丝绸制造工业之路。不过，像他们强大的邻国一样，他们也准备继续保守秘密。经此一事，下一次完成"间谍"活动的可能性就更微乎其微了。不过，谁又会想得到，虔诚的修道士也会如此狡猾呢？

拜占庭帝国位居地中海东岸，是亚欧大陆中间的缓冲地带。其首都是君士坦丁堡，即今天的伊斯坦布尔，贸易与文化于此汇聚一堂。各族人民及货物经此流通，一个基督教教派也于此逃脱了宗教迫害。6 世纪时，聂斯脱里教派（the Nestorian church）成立，并将他们的传教士和朝圣者派遣去亚洲的无神论地区，企图教化人民，给予他们信仰。这些人中，藏着两个犯了重罪的修道

士。他们的目的地是中国。他们衣着简朴，浑身上下最精致的物品就数他们开路用的竹制手杖了，看起来真像神圣、纯洁的典范啊！可谁曾想，他们返程时，已将那空心的竹子中塞满了蚕卵呢？当他们谒见查士丁尼一世（Emperor Justinian）时，恰逢其会地向他呈上了刚孵化出壳的蚁蚕幼虫。这一次，中国丝绸制造的垄断地位彻底被打破了。

第二章

丝绸之路

　　丝绸之路（The Silk Road）是连接中国与西方的贸易路线。这个现代的术语，由费迪南·冯·李希霍芬男爵（Baron Ferdinand von Richtchofen）于 1877 年首次提出。这个词给我们带来浪漫的气息和异域风情，很有吸引力，因此直至今日，我们仍在使用它。然而，它的误导性太强了。在当代社会，我们每每听到"道路"（Road）一词，便会联想到一条确定的、铺设好的路线，而当时的丝绸之路绝非如此。不同于现今道路上轮式车辆络绎不绝，历史悠久的丝绸之路上往来的是驮畜——骆驼、驴和马。尽管丝绸贸易在这条通道上的地位十分特殊，通道也以丝绸命名，但实际上在这条路上贸易的商品不仅仅是丝绸。更令人困惑的是，丝绸之路甚至没有清晰的路标，也不仅仅是一条线路，它有多条替代线路和支线，也许，使用"多条丝绸之路"（Silk Roads）这个说法更为准确。这些路线至关重要，不仅将丝绸带到西方，也将东方的先进思想和技术传入欧洲，打开了欧洲人的视野。现如今，一提及科学技术，人们便会想到西方的先进思想和技术传入东方，但在过去的许多个世纪，情况却恰恰相反。

　　传统丝路的起点在中国西北部的西安，古称长安。它是中国的四大古都之一，今以兵马俑博物馆闻名于世。长安城熙熙攘攘，四面环绕着雄伟的城墙，城墙约 14 千米长，于公元前 190 年完工。城内建有内城墙和两座市场，四面环市垣（墙），每座市场面积近 1 平方千米。东市主要从事国内商品贸易，而西市则从事国际货物贸易，来自世界各地的驼队在此买卖商品。市阛（市场的入口处）被严格把控着，只有官职在一定级别以下才许入内，因为当时的人们认为，贸易有损高官的尊严。市场内部犹如小型城镇，不仅有摊位和商店，还有餐馆、酒吧、妓院，以及供访客存放货物的仓库。长安城的贸易对经济起着至关重要的作用。

从长安起，丝绸之路的东段线路向西延伸了 1000 千米，穿越河西走廊，山脉夹峙，环境恶劣，南部山脉高度多在 4000 ～ 5000 米，北部则为戈壁滩。此段东段路线的终点为敦煌。幸而有河流由山脉向下冲击，这座丝路重镇才得以存在。人们必须要

永宁门，西安古城的一座城门，此为丝绸之路的起点。

在敦煌做出抉择，若继续西行，将进入丝路中段线路，横亘眼前的，便是塔克拉玛干沙漠了。在广袤的塔克拉玛干，移动沙丘覆盖大部分地区，其面积可达 337000 平方千米，说它条件恶劣都是极为轻描淡写的。这里几乎无水，温度多变，冬季可低至零下 20 摄氏度，夏季则高达 40 摄氏度。毫无疑问，丝绸之路中段自此延伸出不同的干线，人们或延沙漠南缘、或延沙漠北缘行进，利用沙漠绿洲歇脚。然而，有时候，南北两道都无法通行，人们唯一的选择便是从中道艰险地穿越沙漠。通过沙漠地带后，情况并未好转。横亘在眼前的，是帕米尔高原巨大的山结——天山、喀喇昆仑山脉、昆仑山、兴都库什山皆汇聚于此，形成海拔 8000 余米的高点，旅人们需穿行于狭窄、险恶的山间小径。历经艰难险阻后，丝绸之路西段线路将轻松易行。干线将继续向西延伸至撒马尔罕，而另有一条支线向南至印度。

公元前 206 年的汉代起，至此后的两个多世纪，中国人开辟了以西安为起点的丝绸之路东段线路。公元前 2 世纪一位中国使节的旅程记录，是最早可考的文献（指两度出使西域的张骞——编者注）。他被派遣出使中亚，欲联合位于今乌兹别克斯坦地区的大月氏共同抗击位于今蒙古地区的匈奴。然而，他经匈奴地区被俘，被困十年之久。用当今的观点看，他似乎并非俘虏，因为他不仅娶了匈奴女子为妻，还有了儿子。此事软化了匈奴，遂允他离开。历经磨难后，这位百折不挠的使节继续前往大月氏，途经兴都库什山以北的巴克特里亚地区时，他惊讶地发现，当地市场上已有中国商品在售。显然，中国至此地的贸易路线已经形成了。返回汉朝后，张骞报告了中亚的情况，汉武帝相信，抗击匈奴的时机已到。公元前 129 年，四万骑兵突袭匈奴，大败，遭受重创。此后的一段时间，两军交战，直至匈奴于戈壁滩撤退。

汉朝的统治者认为，此时的首要任务是确保路线安全，因此在河西走廊建立了一系列军事布防。这些布防彼此间隔开来，若遭遇袭击，布防驻地士兵可点燃烽火，以警示下一处布防要塞。丝绸的故事就此拉开序幕。河西走廊的布防地偏僻，朝廷供应、支付报酬困难。将士们可以接受钱币、谷物和丝绸这三种报酬形式。其中，钱币常常供不应求，粮食在到达最远的布防前可能早已腐烂。因此，将士也更乐于接受以丝绸作薪酬的方式。至此时，中国的丝绸工艺日臻复杂，不仅染料色彩斑斓，还运用到彩绘丝绸。驻军所需的任何物品，都很容易用丝绸换来。几百年间，丝绸都是丝绸之路上的硬通货。一匹标准的素织丝绸通常有 12 米长，56 厘米宽。丝绸的价值，由于阗王子用 150 匹丝绸换取 18 千克的美玉之记载，可见一斑了。河西走廊沿线的驿站，都是丝绸之路上安全可靠的休憩地点。整条路线由朝廷严格把控，往来于此的人们需要出示官方通行证，上列队伍的人数身份，若实际人数与通行证的数字不符，则行程受阻。

中国丝绸商人义盛肖像画，1800 年。

　　而远在丝绸之路另一端的波斯帝国，甚至比中国更早建立了哨所布防制度。波斯御道建于阿契美尼德帝国时代（公元前 500—前 350 年），起点为波斯北部扎格罗斯山脉的古城苏萨。大流士大帝在苏萨建造了一座宏伟的宫殿，将其作为冬都。今天的苏萨古城已成为重要的考古遗址。波斯御道从苏萨通往地中海，一路上都是驿站，为信使提供快马。该布防制度给希罗多德留下了深刻的印象，他于公元前 5 世纪写道：

20 世纪初工人染丝的繁忙场景图
右侧男子已取出染色丝绸并拧干。本图参见阿诺德·赖特（Arnold Wright）《20 世纪香港、上海及中国其他通商口岸之印象》一书，1908 年版。

这个世界上再没有什么比波斯信使走得更快了。无论雨雪、炎热或黑夜，都无法阻止他们以最快的速度完成既定任务。

您是否对这句话感到耳熟？几个世纪后，美国邮政系统将它纳为非正式的座右铭，激励着一批又一批的邮递员。

　　早期的丝绸之路线路至今难以考据。很多文献都描述了丝绸之路在中国境内的终点，但有关它在西方世界的终点的记载，直到近些年才多了起来。西方世界对中国的最早记载，可追溯到公元1世纪，一位埃及佚名商人用希腊语著的《厄立特里亚航海记》（*Periplus of the Eryhthaean Sea*），记述了他一路向东行进的旅程。作者描述了他到达恒河口附近的一座岛屿的见闻："越过大海的尽头，有座极大的内陆城市叫至那（Thina），丝线、纱线和布料，都通过路上交通从这里运输而来。去至那路途艰难，两地沟通频率、来往人员都极少。"显而易见，这本书中所称的"至那"即中国，如此称呼它，盖因希腊文字中没有直接对应"Ch"的发音的字符，"Th"是最接近的符号。下一段描写中国的文字，已是几个世纪以后了，那段旅行从地中海出发，十分著名。

　　1254年，马可·波罗出生于威尼斯的商人家庭。其父尼科洛与其叔父一同前往东方进行贸易，一路战事频发，他们被卷入了蒙古内战，而后到达中国的皇宫，与忽必烈建立了良好的关系。之后，蒙古领导人视他们为教皇的使者，护送他们回到欧洲。彼时马可·波罗年仅15岁，下一次为期24年的远东之行，即有他的加入。在其《马可·波罗游记》（以下简称《游记》）一书中，讲述了这段旅程。在旅程的开端，这家人穿过了土耳其。书中对土耳其着墨不多，仅言土耳其人未开化、言语粗俗，但衣着"深红色及其他色泽的华贵丝绸"。这本游记尽管并未主要谈论丝绸，但描述丝织品的词句也不少。此后，一家人又穿越了亚美尼亚、高加索山脉，最终到达波斯，即今伊朗境内。再往后，我们便可随他们一起，寻访另一条丝绸之路的线路了。

　　从描写丝路开始，马可·波罗便提及了陆路交通。首先，他注意到波斯的马在印度价值高、卖得好；随后又指出当地的驴价值更高。阅读《游记》一书，读者们会惊讶地读到：

现代拧干染料特写图。

　　驴比马贵得多，它们吃得少、负重多，一天能走很远，而马和骡都受不了这份辛苦。波斯商人从一处去往另一处贸易，需穿越广阔、干燥、贫瘠的沙漠地区，这些地区没有适合马匹的饲料；更重要的是，包括水井和淡水泉在内，各处水资源间相距甚远，驮畜饮水需经长途跋涉。由于马匹无法承受长时间不饮食，商队只好以驴为驮畜，驴的价格自然比马匹更高。当然，商队也会用骆驼——尽管骆驼速度没有驴快，它们一样能负重，且饲养成本低。

然而,《游记》中有些内容并不足信。在书中,马可·波罗描述了一个名为"哈剌兀纳思"(Quraunas)的族群。他们可施放咒语,连续七日将白天变为黑夜,如此,没有人能发现他们,而他们熟知这片土地,可借机肆无忌惮地袭击、掠夺当地城镇。路过该族群后,马可·波罗一行人到达阿拉伯海,再一路北上转至阿富汗。

这段旅途首先穿过一片物产丰富的平原地区,到处都布满了食材,但过了克尔曼后,迎来的是七天艰巨的骑行——他们要穿越沙漠地区了:

> 行程三日无水,或者说还不如无水。那一粒粒的小水珠像草一样绿,咸得发苦,若你真喝上一口,就要腹泻十次以上了。

穿过沙漠后,还要翻越阿富汗的高耸的群山,每每骑行一整天才可从山脚到达山顶。不过旅程虽艰辛,也有美妙之处。山间的空气纯净而甜美,发烧的人一呼吸那空气,都能得到治愈。最终,他们来到了塔克拉玛干沙漠边缘的洛浦小镇,并沿南线行进。马可·波罗对塔克拉玛干沙漠的描述言过其实,据他所言,横跨沙漠要一年时间,纵越沙漠需一个月。书中所描述的沙漠之行十分艰辛,每每到达一处歇脚地,旅人及驮畜往往需要一周时间来恢复精力,再进入下一段旅程。缺水是此行的最大难关,两处水源之间通常要走一天一夜,找到水时,却发现这水又苦又难喝。若是偏离了主队就更糟了,邪灵会把落单的人带到沙漠腹地,人们找不到出路,徘徊至死。因此,人们总是汇聚起来,一同穿越沙漠。不同于马可·波罗的奇异描述,对这种沙漠中团队出行更为寻常的解释,是避免土匪抢劫。马可·波罗家族穿越塔克拉玛干沙漠共耗时 30 天,最终进入中国境内。

撒马尔罕
今以其蓝色瓷砖建筑而闻名于世，曾为丝绸之路上重要的贸易中心。

一路上，马可·波罗和所有丝绸之路上的旅人一样，穿越肥沃的平原、隘口和沙漠地区。他去往许多旅人们耳熟能详的地方，却似乎未曾到访过中国境外的丝路路线上最伟大的城市之一——撒马尔罕。在那里，我们今日目所能及的大多数宏伟建筑，都建于公元 8 世纪穆斯林时期。但在《游记》一书中，几乎看不到撒马尔罕的影子，只是轻描淡写地言及这是座伟大的城市，并着重讲述了发生在这里的奇迹故事。人们可以在撒马尔罕谋求到通过某些困难路段的线索，但是若想求得可靠信息，知晓通过沙漠或山脉地区的困难之处，还需寻求最新的资料。

1895 年，瑞典探险家斯文·赫定（Sven Hedin）前往荒野寻找和田河的源头，却在塔克拉玛干沙漠遭遇险情一事，就被生动地记录了下来。他带领四人出发，以骆驼为驮畜，却严重低估了探险所需的淡水量。在同伴开始因极度缺水而晕厥时，赫定尽管也精疲力竭，却坚持沿着干涸的河床、手脚并用地前行，最终成功找到水源，并带回了足量的水，挽救了一位同伴的生命。时至今日，虽有了先进的技术，但徒步穿越沙漠仍然艰苦而缓慢。1993 年，英国探险家查尔斯・布莱克摩尔（Charles Blackmore）率一探险队出发探索塔克拉玛干沙漠。如赫定的队伍一般，他们也以骆驼为驮畜，徒步而行。他们走了 1400 千米，用时 59 天。他们途经的部分线路为典型的沙质土地，而一旦走入沙丘，行进速度便会慢下来。凡是在海边攀爬过普通沙丘的人都体会过一面走沙子一面滑落的感觉。因此，布莱克摩尔的探险队每日极少能

卫星图像：塔克拉玛干沙漠中的一场沙尘暴

此图生动形象地描绘出该地区的贫瘠，以及旅人为何选择绕行，而不直接穿行而过。

走 15 千米以上，也就不足为奇了。要知道，这些探险队员可都十分健康，且配备了精良设备。再回想过去，我们便可轻易理解，为何那些商队竭尽全力也要绕行塔克拉玛干沙漠了。即使沙漠的边缘也很危险，猛烈的沙尘暴可能突然而至，卷起一座座沙丘，淹没旅人和他们前行的路。

穿行峡谷也非易事。人们或需走过激流上窄窄的岩壁，或需在原始的索桥上横渡湍流。某些地方甚至连岩壁都没有，人们只好将木料或石块嵌入悬崖壁，粗粗搭制成人工栈道。在这些路段连驮畜都用不了。中国僧人玄奘曾记述他于公元 630 年翻越天山的险途。凌山上，冰块或高百尺，或崩塌阻隔前路。他如此描述：

> 山路崎岖狭窄，极为艰险。风雪横肆，即使身着厚厚的皮毛大衣与靴子，也依旧瑟瑟发抖。地面根本没有干燥之处，只能悬锅做饭而食，席地卧冰而眠。

玄奘的队伍中约有三分之一葬身于凌山。自然灾害固然令人生畏，人为风险——抢劫也很可怕。据史料记载，若遇劫匪，商队轻则失去全部财物，重则丢命。时至今日，虽已铺设好山路，但这一路段的危险却依旧存在。科林·图布伦（Colin Thubron）在 2006 年出版的著作《丝绸之路的阴影》（*Shadow of the Silk Road*）中，谈及他乘坐陆地巡洋舰越野车穿越阿尔金山脉的艰险旅程。旅程之艰辛，可从进程中窥见一斑——10 小时仅能行驶 150 英里（约合 241 千米）。还有许多出乎意料的情况发生：车辆三次陷于雪中，要靠乘客挖掘出来；车轮打滑横于路面，距离悬崖仅有两码（约 1.8 米）远。还有些路段，要在雪线以下行驶，受到雪崩的影响，时而穿梭于巨石之中，时而沿着溪流行驶。21 世纪的旅程尚且如此不易，那么千年前没有固定道路时，旅途又该是多么险阻呢？

古时候，商人们几乎都无法走遍地中海和中国之间的整段旅程，而货物却可以在途中的各个交易站点之间交换往来。因此，中国的丝织品在进入欧洲前，会经过多次交易，大部分为以物易物。芮乐伟·韩森女士曾在著作中引述公元 743 年吐鲁番市场的文件内容，当时的市场将货物质量分为上等品、中等品及次品三类，以一定汇率兑换。譬如说，马匹可兑换 16/18/20 匹丝绸，而骆驼则可兑换 27/30/33 匹。同时期，各种各样的商品和材料都在此进行贸易。丝绸之路是各种不为人知的新材料与新技术、新思想与新宗教进入西方的通道。

穿越天山的新路可以想见，此路建成前，穿越天山的道途多么艰险。

唐三彩
骑骆驼的西方商人。

14 世纪丝绸之路上
的商队。

第三章

丝路上的发明与创新

中国历史上最实用、最重要、最有益于人类的发明，当属造纸。宦官蔡伦观察胡蜂筑巢而获取灵感，从而学会造纸。蜂巢质地轻薄，仔细观察后，蔡伦有所感悟：将自然纤维的碎末浸泡后再结为一体，晾干后可得形似蜂巢的材料。他用树皮、麻、碎布、渔网作为混合材料，十分别致。公元 105 年，蔡伦的造纸术得以完善，并上呈皇帝。皇帝龙颜大悦，盛赞蔡伦，下令大规模造纸。虽然传说动人，但实际上，中国造纸术的出现，远比蔡伦的时代要早得多。位于西安的陕西历史博物馆中，收藏着一张公元前 100 年前后制造的纸。它是世界上现存最古老的一张纸，由大麻和苎麻纤维制成。

英文中"纸"这个名字来源于纸莎草，是古埃及制造书写材料时所用的植物。人们将纸莎草茎去皮切成薄片，并排而置，而后在其上再置一层，再连续重击，使两层融为一体，便制成了莎草纸。这种纸表面并不均匀，但可作为书写的材料。由于纸莎草生长于尼罗河三角洲，在中国并不为人知，因此中国最古老的类纸张的文字载体是竹子。考古学家发掘出许多书写于竹片上的文字，竹片用线系在一起，形成完整的文件。造纸术发明后，这些竹片仍在使用，主要因为竹子既便宜又易获取。纸张十分珍贵，使得人们开发出各式各样的用纸方式。例如，古代中国的丧葬中，会使用纸衣和纸扎，或是在纸上详细记录引人入胜的故事——出土的一份公元 670 年前后的纸张残片，详细记载了一位波斯商人向其亡故兄弟索要 275 匹丝绸的故事。至今发现的最古老的纸张，并非用于记录文字，而是作为包装材料。当然，后期纸还是用来书写文字为主。随着生产技术的进步，纸张价格逐步下降，丰富的造纸材料也不断涌现。中国人还发掘出纸张的另一项宝贵用途——造币。唐朝（公元 618—907 年）时，纸币已经在中国市面流通了 ①，而欧洲使用纸币的时间，则比中国晚了几百年。

造纸可使用多种有机材料，最常见的是碎布。除了造纸外，碎布基本并无它用。直到 20 世纪，中国人仍在使用碎布造纸。而在旧时的英国，人们将沿街收售旧物的商贩称作"收买破烂东西的人"（the rag and bone man），因他们收集造纸的碎布和造黏合剂的骨头得名。英国的造纸技术与中国基本相同，今天仍在采用中国古代的造纸工艺制造手工纸。首先将碎布打得细碎，与水混合成浆，再将细金属制成的丝网浸入其中，小心取出最上面的一层浆，而后把浆置于毛毡等物品之上，压出水分。如此往复，

18 世纪的造纸厂
左侧为用水研磨碎布的磨坊，右侧有三人，一人取出装纸浆的模具，另两人晾干纸张、将纸张置于压干水分的压榨机中。

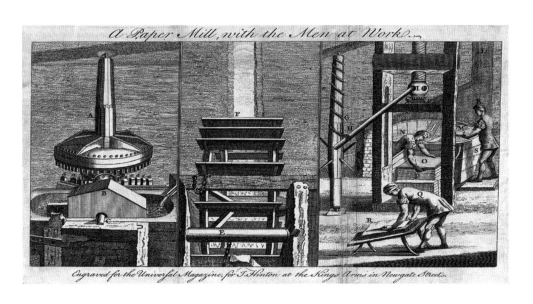

A Paper Mill, with the Men at Work.

Engraved for the Universal Magazine, for J. Hinton at the Kings Arms in Newgate Street.

---

① 中国发现最早的纸币是在北宋时期，称"交子"，出现于四川地区。最初的交子实际上是一种存款凭证。——编者注

最后悬挂晾干，便可得到一张张纸了。

造纸技术渐渐由中国传入西方世界，纸张成为丝绸之路沿线重要的贸易品。关于中东人是如何掌握造纸技术的，至今仍有争议。其中一说是唐朝时期，中国人欲向西扩张版图，遭到阿拔斯王朝哈里发和吐蕃人的联合抵制，终于在751年的塔拉斯河战役后中止了彼此向对方的推进。之后，两名中国战俘吐露出中国造纸术的秘密，中国境外的第一座造纸厂在撒马尔罕应运而生。接着，造纸术传入了摩尔人统治的西班牙。1150年，托莱多建立造纸厂。不久后，造纸术跨越比利牛斯山，进入法国。法国现存最古老的造纸厂之一，是位于奥弗涅大区昂贝尔市的理查德·巴斯造纸厂（Moulin Richard de Bas），建于15世纪前后。这家造纸厂采用传统工艺，以水轮驱动切割碎布的机器，此外的一切工序皆以手工完成。若有中国游客穿越时空到此参观，一点儿都不会感到惊异。过去，这个山谷中还矗立着许多家造纸厂，而今仅存这一家。孟格菲兄弟（Montgolfier，载人热气球的开创者，热气球的英文以他们的姓氏命名。——编者注）也曾拥有一处重要的造纸厂，其名为安博特造纸厂。而若中国游客来此旅行参观，不仅能发现许多熟悉之物，更会发现这家造纸厂竟然还用纸张制造能带人升空的热气球！从包装材料到制作热气球的材料，纸张经历了漫长的发展过程。

虽说纸是丝绸之路上重要的贸易品，但中国古代的另一项重要发明——印刷术，则赋予了它更重要的使命。印刷术最初用于丝绸印刷，后期改进工艺，可在纸上印刷图片和文字。印刷文字时，书吏会将文字抄于纸面，再贴于木料之上，刻工则小心地沿着字的外缘雕刻，在木料上剔除非字形的部分，而后用墨汁涂抹文字，再印刷至纸面。图画则或以同样的工艺制作，或直接雕刻于木料之上。印刷术的优点显而易见：一旦雕刻完成，就能重复使用，印刷出许多相同的页面。古人也以此法制书。

英国考古学家奥莱尔·斯坦因（Aurel Stein）出生于匈牙利，他曾沿丝绸之路进行了四次探险，其一生最重要的发现，在于1907 年的敦煌之行：

> 在这片谷地，存在大量古老的佛教寺院和僧侣住所。谷地南北两端，矗立着统治者的庙宇和其他神佛的佛龛，壁画上描绘着吐蕃王族及侍从的故事。峭壁西侧，凿刻着许多高大宽敞的沙质佛窟，遍布佛像和壁画，从南到北，绵延 2 里（1 千米）。

斯坦因在洞窟中发现了大量经文，其中一部即为著名的《金刚经》。《金刚经》卷末有云："咸通九年四月十五日……"。除这部作品外，此次发现的经文皆为手写版经文，而《金刚经》则为世界已知的最早"有明确刊印日期"的书籍。斯坦因盗取了《金刚经》和其他经文并带回英国，西方世界将他的行为誉为保存经典典籍的壮举，而中国人认为他大行强盗之道。

印刷术发展早期，困扰人们的是，每每制作书籍，必须先手写文字再刻制模板。手写费时、费事，又容易抄错。后来，中国人又在雕版印刷术的基础上发展出活字印刷术，使用黏土制成一个个汉字模板。这项工程十分浩大，因为汉字并非字母文字，而由成千上万的象形文字组成。活字印刷术的出现，意味着中国人可以更快捷地印刷书籍；而书籍越多，对纸张的需求量也越大。

请读者想一想造纸术由远东到达欧洲之前的情形，便可知晓印刷术的发展之重了。中世纪时期，欧洲使用动物皮制书，主要使用羊皮纸或牛皮纸。首先除去毛发，然后浸泡牛羊皮并清洗干净，最后拉伸延展开来。制作一本 200 页左右的对开本，约需25 张羊皮。仅此一项需求，就使得书籍十分珍贵，更不用说这些书还都是一本一本手写而成的。为了保存好这些罕见、昂贵的书

籍，教堂等机构都会用锁链将书锁在图书馆中；如此景象，至今还可在赫里福德大教堂的图书馆中一探究竟。由于制造出羊皮纸本身就需斥巨资，中世纪的欧洲根本没有契机发展印刷术、制作书籍副本。15 世纪时，造纸术和印刷术传入欧洲，欧洲人才开始大规模制作书籍。与此相比，早在公元 762 年，长安的市场上就已有印刷书籍在售了。随着丝绸之路贸易路线的发展，科技从中国传入穆斯林世界，再一路传入欧洲，西方追赶中国技术之路，路漫漫其修远兮。造纸术、印刷术、指南针、火药，并称中国古代四大发明。

　　丝绸之路上也进行其他商品的贸易。一是玉石，玉石商人会

《金刚经》插图
此为唐代佛经的中文译本，是世界上已知最古老的印刷书籍。

从于阗出发，向西运输贸易。二是"火蜥蜴"，但它很可能并不存于世，仅出现在马可·波罗的描述中。这位意大利的旅行家在《游记》中写道：火蜥蜴并非一种生物（因为没有生物能在火中生存下来），而是一种从地下开采出来的物质。将其置于大型铜制容器中捣碎再清洗，可得到一种纤维，用这种纤维织成布再燃烧，可得一种防火材料，即我们现代所说的石棉。在马可·波罗的时代，忽必烈分封的一位宗王控制着火蜥蜴的制造和贸易。马可·波罗在其书中郑重指出了石棉这种防火材料的宝贵价值："我也要告诉你们，这些纤维织成的布料，有一匹现在就在罗马，它十分珍贵，是伟大的可汗忽必烈送给我们的，因此我们把它用作我主耶稣基督的裹尸布。"至今，在环塔克拉玛干沙漠的南道上，仍可发现石棉矿的存在，但开采这种矿十分危险。

今天，丝绸之路干线还是丝绸和各类商品的主要贸易路线，而在这条陆上丝路外，还有大宗的海上贸易。中国的四大发明之一——司南（磁罗盘），至今仍是指导航向的关键装置。有典籍记载，公元前 3 世纪，古人以司南占卜，直到公元 11 世纪，才以它作为航海的导向，当时的人们将一根磁针置于一碗水中来辨别方向。这比欧洲最早的指南针，还要早一百年。与造纸术和印刷术不同，并没有证据表明指南针的技术是经由贸易传往欧洲的。但是，这项发明依然可以证明，古代中国的许多技术都领先于西方。

火药也是中国四大发明之一。它最早出现于公元 1 世纪，但直到 1044 年，才将它用于军事行动。当时主要用火药制造一种火箭。相比起纸张之类的实用性材料，火药这种新式武器传入欧洲的速度可要快得多。火药的配方一经域外掌握，就迅速传遍整个欧洲。这项技术到底是通过丝绸之路传播的，还是通过蒙古人在欧洲边缘战争传播的，尚未有定论。已知最早描述火药的欧洲著作，是 1267 年罗杰·培根（Roger Bacon）修士出版的《大著作》。当时，唯一的可能是根据中国的鞭炮得知火药配方，但培根确实实列出了正确的火药原料：硝石、木炭和硫磺。

　　印刷术的发展，对知识的传播产生了深远的影响；而远东地区的各项创新，则深深影响着思想、特别是科学思想的传播。从本书开篇至此，我们关注的一直是丝绸之路从中国延伸到地中海的主干线路，而实际上，丝绸之路的西段线路还有一条重要的支线是向南转向印度的。印度人发明了一种新的数字符号体系，直接颠覆了整个世界。这套数字体系出现伊始并未引起关注，直到有人发现了西方世界几个世纪以来使用数字的方法，才震惊于印度的数字体系。此前，希腊人用希腊字母表示数字，α 代表数字 1，β 代表数字 2，以此类推命名了 27 个数字。他们认为大量的数字是无用的，并将任何超过 1 万的数字都视为无数。而希腊以外，几个世纪以来，整个欧洲世界最常见的计数体系都是罗马数字。这些数字为 I，V，X，L，C，D，M；分别对应阿拉伯数字 1，5，10，50，100，500，1000。这套数字体系比希腊人的 27 个数字复杂得多，而且运算困难。亚历克斯·贝洛斯（Alex Bellos）在他 2010 年出版的《数学王国的冒险之旅》中，讲述了罗马数字的运算方法。开始写本书后，我才意识到，对于很多读者来说，"数学"这两个字是很难与"有趣"联系起来的。但在贝洛斯的书中，数学确实是有趣的。他举了一个例子，说明罗马人如何运算 57 乘以 43，或对罗马数字 LVII、XLIII 进行加法运算。我们甚至都不知道要如何才能开始运算。运算方法是这样的：首先将数字以倍数关系拆分开来，因此 57 = 1 + 8 + 16 + 32，而后就能使用倍数关系运算了。$1 \times 43 = 43$。要算 8×43，则需要将 43 加倍三次，以此类推，最后将所有结果相加，整个过程涉及加法运算和倍数（幂）的运算。使用我们现在用阿拉伯数字来运算这套体系已经够难了，而书写罗马数字来进行运算就更让人难以理解了。拆分 57 是这样的：LVII = XXXII + XVI + VIII + I，这串算式看起来一点儿用都没有，而做完倍数运算后，最后的加法运算算式是这样的：MCCCLXXVI + DCLXXXVIII + CCCXLIV + XLIII = MMCDLI。读者们知道，自己不用跟着一步一步运算下来，只用理解运算方式，就会大舒一口气，那么若是自己用罗马数字运算，还能如此轻松吗？因此，我冒昧地引用了亚历克斯·贝罗斯的算式，仅以此证明，罗马运算体系有多复杂。而在实际操作中，很少有人会在纸面计算求和，而是使用算盘。但是，对于乘法这样的复杂运算，需要专业的珠算人员进行。而如今，若要我用现代的运算体系来做 57 × 43 的乘法，则轻而易举，我会使用小学时学到的整数的多位数乘法运算法则进行计算。罗马的运算体系也违反了人类的直觉（一串数字中字母的多寡，与数值无关），比如 8 表示为VIII，而 80 则是XXC。而我们现在使用的运算体系，如果不考虑小数点，如果一个数比另一个数的字符数多，则一定比它大。幸而我们使用现在的运算体系，而非罗马运算体系，就不必再纠结于这一点了。而我们使用的所谓的"阿拉伯数字"，实际上并非来源于阿拉伯，而是来自印度。

公元 7 世纪的某一时期，印度数字体系发展成为今天的模样。最初的印度数学体系和现在的非常类似，但是以一个圆点表示空位的 0，使得数字可以顺利地向前流动，从 0 到 10，从 10 到 11，再到 99，100，以此类推。这套体系经由商人，从印度进入伊斯兰世界，并被迅速采用。斐波那契（Leonardo Fibonacci）是意大利著名的数学家，其父是贝贾亚（今阿尔及利亚）的海关官员。1202 年，斐波那契深受印度数学体系的影响，出版了《计算之书》（Liber Abaci）。他在书中描述了数字 1 至 9，并补充说，0 在阿拉伯语中的含义是"和风"，这就是 0 这个概念的源头。虽然这一体系的优点十分明显，但是却遭到了许多力量的坚决抵制。数学家们无法接受竟然有数字表示虚无。其他所有数字都有意义，2 头猪代表 2 头猪，但是用 0 表示没有猪又有什么意义呢？

当时是十字军东征的时代，欧洲人质疑所有从伊斯兰世界传入欧洲的东西。事实上，1299 年，佛罗伦萨颁布了一条禁令，禁止人们使用印度数学体系。禁令声明，这套体系很容易造伪。教会也抵制这套体系，因为他们认为 0 很邪恶。珠算专家也坚决反对这套体系，原因很简单，它轻易便可让他们破产。直到 17 世纪，欧洲各国才普遍采纳了印度数字体系。丝绸之路沿途传播的所有思想、贸易的所有物品，都不及这套印度数字体系重要。

真正在阿拉伯世界发展起来的数学体系是代数。9 世纪巴格达出版的一本著作中，首次提及代数的基本概念。在这本书中，解释了如何使用符号代替文字，并运用于方程式中。例如，$x + y = z$，通过运算，可以将符号从等式的一侧移到另一侧，使之成为 $x = z - y$。这一强有力的工具，还可以与阿拉伯数字相结合，将复杂的现实关系用方程式表达出来。最著名方程式之一当属牛顿运动定律。这些定律可以轻易解决现实问题。举一则简单例子，当你站在井旁，通过简单计算，可以粗略算得井有多深。计算所使用的正是牛顿运动定律之一的 $s = ut + \frac{1}{2}gt^2$。在这则算式中，s 代表位移长度，u 代表初始速度，g 代表重力加速度，t 代表时间。因此，若想探究井的深度，需要做的是松手让一块鹅卵石自由坠入水中，计算从石块坠落至听到水声的时间。若用时两秒，则答案十分简单。因为鹅卵石没有初始速度，g 约为 9.8 米 / 秒 ^{2}，t 为 2，因此井深 $\frac{1}{2} \times 9.8 \times 4$，答案约为 19.6 米。这就是最简单的代数运算方法。通过研究运动方程，物理学家可以计算出将卫星送入轨道或让宇航员登陆月球所需的运动轨迹。若是没有沿着丝绸之路推广传播科学思想与知识，那么在将它们印制成册并发行之前，现代科技都无法轻易传播开来。

除了阿拉伯数字外，印度还是许多其他思想、技术和材料的发源地。大马士革锋利而坚韧的刀剑闻名于世，有赖于他们从印度进口的一种特殊材料——乌兹钢。公元前 6 世纪，这种钢首次在印度南部面世。人们通常熔炼矿石来冶炼熟铁，再将熟铁、有机材料、竹子和豆子等植物的枝叶置于密封的陶制坩埚中，燃烧冶炼。如此制成的熟铁纯度非常高。同时，在使用坩埚加热的过程中，也将碳引入了钢铁中，得到乌兹钢这种超高碳钢。现代冶金学证明，乌兹钢中的碳宛如纳米管穿过金属。印度人以铁饼的形式出售乌兹钢，因此，大马士革军械士拿到手的是一张张铁饼。令人惊讶的是，乌兹钢的冶炼秘法在西方世界一直不为人知，直到 1740 年，利兹市的本杰明·亨斯曼（Benjamin Huntsman）重新发明出坩埚冶钢的方法。他使用木炭替代树叶，稍稍改进了乌兹钢的制法。谢菲尔德市阿比代尔区的长柄镰刀制作商，正是用亨斯曼的坩埚钢锻造镰刀的。今天，可在一座重要的工业博物馆中重温这段历史。约两千载光阴流逝，西方世界才追赶上东方的脚步。而思想的传播，可不仅仅是从东方传向西方。

丝绸之路上重镇之一，当属撒马尔罕。它是粟特人的故乡，拥有自己的语言和习俗。到访撒马尔罕的中国人对粟特人颇为不满。公元 7 世纪，高僧玄奘到达这里，在他眼中，粟特商人很虚伪、只关心利润。玄奘举了一个生动的例子。当孩子出生时，粟特人会给孩子嘴中放入蜂蜜，让他说出甜蜜的语言，再用蜜在他手掌上粘一枚硬币。玄奘说，哪里有利益，粟特人就会去哪里。他们确实做到这一点了——他们带着琐罗亚斯德教 [①]，一路来到中国。马可·波罗在去往中国的途中，也见到了粟特人。他曾在书中提到，自己遇到了一个崇拜火的民族。琐罗亚斯德教教徒虽设有火神庙，但其实他们并不崇拜火。这个宗教最初发源于何时，已不可考，可能是在公元 1500 年，或是更晚一些时候。确切可知的是，一位名叫琐罗亚斯德的人首先明确阐述了这一宗教。

[①] 世界上最古老的宗教之一。对犹太教、基督教、回教都有较为深远的影响。公元前 6 世纪被奉为波斯国教，希腊化时期一度湮灭，公元 3 世纪时又被波斯萨珊王朝定为国教而兴盛，之后流行于中亚等地。——编者注

　　琐罗亚斯德教的核心思想是二元论，是善与恶无休无止的斗争，最终，善良总会压倒邪恶。但是，在全能神的帮助下，每个人都要在斗争中做出自己应有的贡献。琐罗亚斯德教的教徒们不必只信仰一个神，但他们一定都信奉一个至高无上的存在。在他们的信仰中，水和火拥有净化能力（火神庙也因此而存在），但死去的肉身是不圣洁的，终将腐朽。虽然本质上讲，琐罗亚斯德教是一个理性的宗教，崇尚真和善，但他们还会有一些仪式性的活动，其中最具代表性的是他们的葬礼仪式。他们认为，土葬会污染土地，火葬则会破坏火的纯洁。因此，他们将亡者的尸体放在一座特殊的建筑——寂静塔之上。琐罗亚斯德教在今伊朗地区一直蓬勃发展，直至公元 635 年，卡迪西亚之战后，伊斯兰军队接管了他们。这次战役后，许多琐罗亚斯德教教徒离开故土，向

伊朗亚兹德，琐罗亚斯德教寂静塔亡者被置于此，等待尸身被禽兽食用。

东迁徙，在印度北部建立社群，被称为帕西人。他们保留了丧葬仪式的传统，因此，在今孟买马拉巴山，这个世界上房产最独特、最昂贵的地段，仍可看到寂静塔。这里的居民每天都能看到秃鹫啄食人类遗骸，这对我们来说完全无法接受，但对他们来说，早已习以为常。

现如今，撒马尔罕最引人注目的建筑，当属宏伟的清真寺了。虽然装饰着精美的瓷砖，但还可见琐罗亚斯德教留下的痕迹。1965年，修建一条新路时，曾有多辆推土机毁坏了一间屋子的天花板。这曾是一位 7 世纪富商的房屋，他在墙壁上覆满了壁画，其中一面墙上，呈现着一位戴面具的琐罗亚斯德教牧师，以四只鹅作为祭品，主持祭祀仪式的画面。而在其他墙上，则画着当地的商业和政治活动。在一幅壁画中，四位中国使臣向康国之王拂呼缦（King Varkhuman）进献礼物：成匹的丝绸布料、丝线和蚕茧。

今日，在撒马尔罕和其周边地区，已经几乎找不到琐罗亚斯德教存在的痕迹了，但在遥远的中国，还有充分证据表明，粟特人定居于此。特别是唐朝古都长安，保存了至少 5 座琐罗亚斯德教寺庙和寂静塔；还有一些粟特人进入中原后，采用了中国的墓葬习俗，只在墓穴上保留着琐罗亚斯德教的标志。2001 年，考古学家发现了粟特人安伽墓。根据出土墓志可知，安伽卒于公元579 年，其墓中刻画的场景中，有一则描绘出骆驼群满载物品的画面，不知这些物品是用于贸易的货物，还是外交中的礼物。史君（中国北周凉州萨保）卒于 580 年，在他与妻子合葬的中式墓穴中，同样出土了大量的有翼马等标志着琐罗亚斯德教的文物，其中最引人注目的画面，描绘着史君夫妇从今生穿越汹涌的波涛，去往天国的故事。无论是安伽墓还是史君墓，都证明了粟特人逐步融入中原的生活。尽管这两座墓穴中，琐罗亚斯德教的象征无处不在，但在墓中都出土了穿中国服饰的人物形象；而且，他们选择墓葬而抛弃天葬，本身也是很好的证明。虽然粟特人对中国文化的发展没有起到什么作用，但是，他们为丝绸之路上的人民与思想交流，留下了浓墨重彩的一笔。

在丝绸之路上传播的另一大宗教是佛教。公元前5世纪，为一出身富贵家族的男子乔达摩·悉达多所创，他后来被人称作佛陀。他见到世界的苦难，遂放弃荣华富贵，选择苦修。长期的禁食、禁欲后，他一度生病，认为这一模式无法使人得以解脱，遂抛弃之。而后，他参悟了，采用了"中道"的修行方式，既不要过分享乐，也不要过分苦行，而要按戒律过活，这些戒律即为一套道德标准。他认为世间并无全知全能的神，而在传教时宣扬因果报应和命运的概念。他认为，人本该生活于不完美的世界中，并在死亡时得以重生。前一世的所作所为，导致了人的重生。生而复死，死而复生，直至完全开悟，涅槃寂静，得以解脱。

佛教的关键是，佛法的传播人竭尽全力将教义传播至远方。它从印度开始向东传播，于公元50年前后（东汉时）到达中国。这一时期，中国以儒家思想为重，与佛教的理念完全不同，为了将复杂问题简单化，儒家更关注社会整体而非个人的需求。当然，佛教传入中国后，作为一个新的宗教，需要传播一段时间才能产生一定影响。第一批进入中国的佛经典籍，历经一个多世纪，直到公元178年，才从梵语译成中文。而公元220年汉朝灭亡后，佛教才真正在中原大地上传播开来。佛教传播成效显著，其中极为壮观的是石窟的建造。例如，公元5世纪建造的龙门石窟中，有规模最大的巨型佛像群石刻。至唐朝由盛转衰，佛教遭遇毁佛运动的攻击，约4500座寺庙被关闭，数千座寺庙惨遭拆毁。历史的车轮滚滚向前，中国大地上的宗教信仰也不断变化，人们不再仅仅将佛陀当作一位良师，而是一个神。佛教在中国幸存下来了，发展至今，中国信仰佛教的人口约有2.45亿，是世界上佛教信徒最多的国家。

有充分的史料记载，早期从印度进入中国宣扬佛教的使者，

大佛
中国济南千佛山。

主要走的正是丝绸之路。奥莱尔·斯坦因曾在书中描述了他在中国探险时，穿越蜿蜒的群山，在沿途发现由佛教徒雕刻的石碑一事。他猜测，当年这条路线应极为崎岖难行，传教的佛教徒们一定曾在石碑之处等待了很久，直到天气好转再继续前行；只有这样，他们才有充足的时间雕刻石碑、记录旅程。1970 年，喀喇昆仑公路建成通车后，人们终于可以近距离一睹当年的碑刻铭文了。一座最古老的石碑上，画着一座佛塔，它是埋葬着佛陀遗骨的坟冢，佛陀的追随者们在坟冢四周绕行，以示对佛陀的敬意。专家认为，这座铭文可能刻于公元 1 世纪。后期的石碑上，还刻有佛陀的石像。这些石碑都显示出这些早期传教的佛教徒们的传教热情。他们已做好准备，踏上危险的旅程，只为将佛教传向更广阔的天地。当然，也有些石刻并非佛教徒所刻，丝绸之路上往来的旅行者、商人和前往中国生活的移民，也都在此雕刻石碑。

沿着丝绸之路向东传播的第三种宗教是基督教，但它与我们今天所熟知的基督教并不相同，我们称之为聂斯脱里教派。公元5世纪，东方教会的主教聂斯脱里派，提出了基督二性连接说，认为基督是人性与神性的结合。虽然上帝赋予了他神性，但他生而为人，具有人性。因此，其母玛利亚也不应该被神话、不应被称为"神的母亲"。他的观点导致教会严重分裂，聂斯脱里派被迫离开故土土耳其地区，定居在波斯。在波斯，他们开始派传教士前往东方传教。公元6世纪，主教阿罗本（Alopen）携带经文前往中国，得到了唐太宗的接见，太宗对聂斯脱里派的教义很感兴趣，赞誉它"神秘、美妙"。在今西安孔庙中，陈列着两千余方碑石，每方均高约8英尺（约2.44米）。他们记载着中国古代经典典籍，其中一座刻于公元781年的石碑，记录着阿罗本携带教义入华的事迹。聂斯脱里派确实在长安附近安营扎寨、发展教众、修建寺庙，但是他们存在时间很短，也未能像佛教一样影响中国。

第四种向东传播的宗教为伊斯兰教。它深深地根植于印度北部和中国。根据传闻，先知穆罕默德的圣伴赛义德·本·阿比·瓦卡斯（Sa'd ibn Abi Waqqas）曾在公元616年至618年间访问印度和中国。这一传闻并没有任何历史依据，但众所周知，公元7世纪时，伊斯兰教确实在中国存在。来自中东地区的穆斯林商人，最初沿丝绸之路贸易旅行，后定居于中国，并成为这个国家重要的一员。宋朝（公元960—1279年）时，穆斯林经常担任重要官职，主管航运等事务。至今，仍有大量穆斯林生活在中国。

中式风格的西安清
真寺。

第四章

丝绸业的西传

　　印度是最早从中国进口丝绸并从中受益的国家之一，但近些年来，考古学家发现，印度丝织品出现的时间，远比进口中国丝织品早得多。出土于印度河流域的丝织品残片，最早可追溯至公元前 2450 年至前 2000 年期间，据中国史料记载最早的丝织工艺，仅隔了几个世纪。研究表明，制成这些丝绸残片的蚕丝源于印度本地的野生蚕蛾。多数情况下，在人为抽丝之前，野生蚕蛾已经破茧而出。此时的蚕丝已经损坏，印度人没有丢掉它们，而是选择用来纺丝。这种制丝法效率很低，但是因为没有杀害生命，反而在几个世纪后被甘地赞誉为更人道的制法。这种"无暴力和平丝"（Ahimsa silk），直至今日在印度的产量还很有限，且因其低产能而售价昂贵。总体来说，千百年来，印度富人主要依靠中国人提供最精致、昂贵的丝绸。丝绸传入中东很久后，情况发生了变化。

　　丝绸传入欧洲之时，正值罗马帝国鼎盛时期，让许多罗马评论家十分不满。有些丝织衣物太薄透，令正经人惊异，感觉有伤风化。斯多葛派哲学家塞涅卡（Seneca the Younger）曾写道："如果连不能蔽体、不体面端庄的布料也叫衣服的话，我确实看到了丝绸服饰。"他还认为，若是女性穿着如此服饰，就相当于在通奸，因为所有男人都能看到只应该被其丈夫看到的情景。还有人控诉说，由于向中国人购买丝绸制品花费巨大，国家已濒临破产。后者明显不太可能发生，因为中国境内几乎没有出现过罗马钱币。虽然丝绸源自遥远的东方，但罗马人更有可能是从临近欧洲的地区购买丝绸服饰的。从一些材料的命名中，我们可以管中窥豹。锦缎的一个英文名称为 damask，明显是"大马士革"一词的变体，但其另一个英文名称 satin 则出处不明。实际上，锦缎这种布料最初源自中国泉州，阿拉伯人称这座城市为刺桐（Zayton），公元 1 世纪至 2 世纪期间，罗马人穿用的大部分丝绸，虽为中国织造，但为阿拉伯人售卖。而到了 2 世纪，近东地区的叙利亚和波斯等国已进口丝线并编织，罗马人的丝绸织品也源于他们。

叙利亚和波斯等国是如何得到丝绸编织工艺的，至今仍为未解之谜。一种说法是，他们进口中国丝绸，再拆解成丝线并重新编织成新的样式。而另一种说法是，他们也像印度人用本地野生蛾制丝那样，直接用亚述的野生蚕蛾来制丝。还有一种说法更合理，是说他们从中国进口丝线，因为在叙利亚的沙漠绿洲巴尔米拉曾出土过中国丝线，而这座古城早在公元 273 年就被遗弃了。这次考古发掘中出土的一些丝织品，织法不同于中国丝织工艺。其中部分为可两面穿的绸缎，通常为单色，编织时以缎捻丝作经纱，棉缎绢丝作纬纱，织成某种纹样。由于经纱和纬纱上反射出不同的光线，正穿反穿时呈现出不同的颜色，相同的图样。这种面料极为珍贵奢华，通常只供给皇室成员。

叙利亚的古城贝鲁特（Berytos）、提尔（Tyre）和安条克（Antioch）中，都发掘出大量中国丝线织成的丝织品。这些古城中的丝织品主要特征为图案纹样复杂，多以希腊神话为主题，在圆圈内织出动植物纹样。与中国的丝织品不同，这些织物很厚，但仍冒犯了统治者的宗教信仰——基督徒不允许人们穿着织有异教图样的服饰。信奉基督教的狄奥多西一世，是罗马帝国最后一位统治者。在其统治下，亚历山大里亚和迦太基这两座古城中都

建起了纺织厂。这时，他们仍主要从中国进口丝绸。而到公元 6 世纪，两名僧侣在西方揭开了丝绸的神秘面纱，拜占庭帝国也终于可以自己生产丝织品了，他们织出天使传报等纹样，满足了虔诚基督徒的需求。

拜占庭丝绸面料取自查理大帝的裹尸布。四马二轮敞篷战车纹样。

　　伊朗的萨珊王朝所采用的丝绸织法与其他近东地区国家截然不同。公元 3 世纪，沙普尔一世率军入侵当时在罗马统治下的叙利亚，占领了安条克古城。他们在安条克俘虏了多名织工，让他们去胡齐斯坦省工作。在萨珊王朝的丝绸设计中，圆形图样仍占据主导地位，而且每个圆圈中仅含有一个图像。塔克·波士坦（Taq-e Bostan）的浮雕上，萨珊统治者库思老二世（Khosrau Ⅱ）

及其朝臣们穿着面料和图案相同的长袍；而这些浮雕坐落在丝绸之路上的一处著名的商队驿站。

伊斯兰教席卷中东并传入西班牙和西西里岛之时，情况发生了剧变。伊斯兰教先知穆罕默德曾经营布料生意，他对丝绸极为重视，认为丝绸不仅是重要的贸易商品，还对他的生活有重要影响。生活中，他身着华贵的丝绸服饰，有一件花了 50 金第纳尔买来的红色丝绸斗篷，家中还装饰着丝绸帷幕和窗帘。后来，他不再喜爱红色，尽管其妻仍穿红衣服，他却痛斥红色为魔鬼的颜色。公元 632 年，穆罕默德去世后，艾卜·伯克尔（第一任哈里发）统领伊斯兰世界，并建立丝绸纺织厂。这里织出的所有丝绸面料，都必须带有哈里发的名字、产地以及生产日期。现存最早的哈里发时期织物，出产于突尼斯的丝绸纺织厂，也都织有熟悉的圆形图案，以及"安拉之仆，马尔万，忠实的领袖"字样。这一织物可能来自公元 683 年至 685 年马尔万一世统治时期，或公元 744 年至 750 年马尔万二世统治时期。无论它是哪一历史时期的产物，距今都有一千多年的历史了。

伊斯兰教教规中，规定了面料上允许和禁止使用的装饰图案。先知穆罕默德去世后，穆斯林世界分裂为两派，一派为什叶派，支持穆罕默德的女婿阿里及其后代担任哈里发，另一派为逊尼派，支持穆阿维叶一世担任哈里发。因此，图样问题也变得十分复杂。逊尼派禁止使用包括人类在内的所有动物图样，尽管这些图样在设计之初仅用于某些特定的织物中。而什叶派却只严令禁止使用生物的三维立体图样。对于图案的使用时间、使用方式也有明确规定，但一般来说，对本土内部使用的织物基本没有限制。同时，宗教教规还包含了丝绸的生产和销售。销售时会遇到以下两种情况：一是，若顾客伸手摸了面料就必须买；二是，狡猾的商人掷出一匹面料，若顾客不小心抓到了它，也必须买下来。宗教认为这两种销售行为十分不光彩，需要明令禁止。伊斯兰教的市场监察员（the muhtasib）需要身兼数职，既要做宗教警察，也要在贸易协定中起仲裁作用。1995 年，帕特里夏·贝克（Patricia L. Baker）出版了著作《伊斯兰教织物》（*Islamic Textiles*）。她在书中引用了教令，尽管可以在《古兰经》中为这些教令找到依据，但它们似乎只是一些简单的常识，比如，教令中会列出，给织工提供丝线的客户，应具有哪些权利。

为避免发生误会，客户提供给织工的丝线和织工返给客户的面料必须重量相当。如果客户认为织工偷换了丝线，并且客户手中还持有丝线样本，而织工坚持自己未曾更换，那么市场监察员必须拿着丝绸和面料去找有经验的人查验。如果有人雇织工按一定规格织布，而织工没有做到，就该解雇他。

伊斯兰世界早期的
丝绸面料
伊朗国家博物馆，
德黑兰。

纺织业也有自己的行规，来确保手艺人的利益、组织培训学徒，并授予他们熟练工称号。按照标准，定型师需学习四年，而普通织工只需学习四个月。

伊斯兰教在广袤的土地上，都具有深远的影响力，并不会让每个区域建立、保持自己的特殊风格、思想和影响，因此十分易于传播。几个世纪以来，丝织品的风格发生了变化，设计也更自由多变，涌现出一批高度非写实的动植物图样及纯抽象的设计。大约在 7 世纪末的某一时间，阿拉伯文的手写体第一次出现。由于这种书法体来自伊拉克库法古城（Kufa），因此，被称为"库法体"，几百年间一直用来书写《古兰经》。从撒马尔罕清真寺的碑文，到丝绸纺织品上，能看到它的身影，也就不足为奇了。这种手写体美丽而优雅，虽主要作为文字的载体来使用，但也具有极高的装饰、美学价值。

丝绸之路的一条支线向南进入印度次大陆。正如前文所示，丝绸极为珍贵，最初产于中国。莫卧儿帝国时期（始于 1526 年，于 18 世纪早期分裂），印度建筑最具标志性，如废弃之城法特普尔西克里、德里红堡和泰姬陵。在阿克巴大帝（Emperor Akbar the Great）统治下，1572 年，一批皇家纺织作坊在各个中心地区成立，主要分布在印度北部。专业的织工从中东地区来到这里，帮助印度人构建了纺织业发展模式。锦缎在印度大受欢迎，它的纹样既受到波斯和中国纹样的影响，又保留了生命树等印度历史上的主流纹样特征。锦缎是厚重的面料，有些锦缎中的经纱多达七层。许多印度锦缎的表面几乎覆满了金线、银线，只有官职最高的宫廷贵族才能使用。整个莫卧儿时期，印度工业都处于繁盛期，但在其后的几个世纪，经历了衰落与复兴。稍后，我们将讲述这段历史。

早期的伊斯兰世界，丝绸纺织工业取得了长足的进步。手织机的基本模式直至今日仍为人们熟知，而这种织机是公元前 2 世

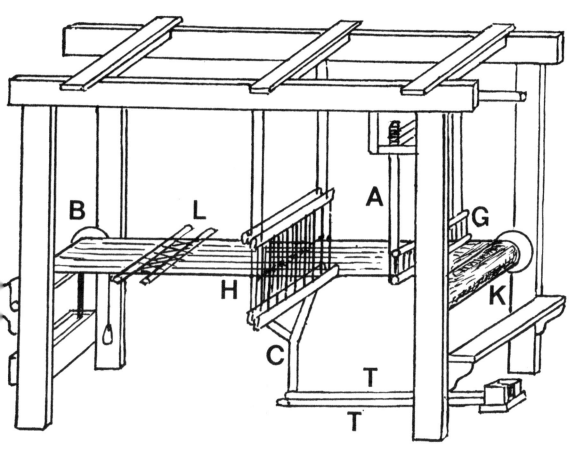

手工织机的简图图纸
参见 L. 胡珀《手工织机编织》，1949.（L. Hooper，*Handloom Weaving*，1949）详情请见正文。

纪前后在埃及发展起来的。它是织机的基础，后期的各种织机都是在此基础上改进发展而来的，因此值得我们在此详述。此处的描述，基于胡珀 1949 年出版的《手工织机编织》一书中的图片（参见上图）。虽然图片是简化模式的，但我们依旧能清晰分辨出其使用方法。开始编织前，需要先进行准备工作。先将经纱从固定于架上的卷轴中一一抽出，如果使用多种颜色，则要按正确顺序排列在滚筒上，将这些经纱固定在织机后部的 B 处。而后，再将经线依照奇偶数上下绕过分经棒 L。奇数经纱从上部绕行第一根分经棒，再从下部绕行第二根；而偶数经纱与奇数的正好相反。这样，出问题时，织工可以轻易辨别出断的是哪根丝线。此时，丝线需穿过综片 H 之间的小孔，脚踩踏板，通过连接杆 C，可抬起或放下综片。一半综片抬起时，另一半会留在原处，中间形成可容梭子通过的梭口。而后，一根根经纱再向前，依次通过打纬刀 G 的齿缝。打纬刀最初由芦苇制成，与挥杆 A 的底部连在一起。每次纬纱通过后，可通过操作 A 和 G 进行打纬，使纬纱更密实。最后，将成品面料卷在卷辊 K 上。

印度瓦拉纳西织工用手工织机织制丝绸面料，制作纱丽。

最简单的织法是经纱和纬纱使用相同色线的平纹织法。当经纱和纬纱颜色不同时，图样取决于两者谁在外表面出现。若想编织更复杂的图案，则可规划好不同颜色经纱的位置和排列顺序，同时使用多个梭子，每个梭子带有不同颜色的纬纱。当然，这样的编织工艺会十分复杂。替代方法是用染料绘制图案，再用媒染剂固定染料颜色。在伊斯兰纺织品中，通常使用明矾作媒染剂，再用天然染料染色：用槐蓝属植物染深蓝色，用茜草染红色。染色的过程中，可以创造不同的图案纹样。

20世纪后，再次流行起一种早期的染色工艺，即扎染工艺。此法将部分织物系紧，放入染料中，被系住的部分不会着色，而暴露在外的部分会染上颜色。在当代扎染工艺中，虽然通常会染出一系列无序的彩色旋涡，但也能精确地染制图案。这就需要精心设计扎染部位，将需要染色的部位以适当顺序组合在一起。中国还发展出扎染的替代工艺，此工艺织品可在丝绸之路沿线的贸易中见到。染色时，先将一层层布料夹在两层雕刻好的木板中间，木板带孔，平时塞有塞子。在需要染色的地方抽出塞子，倒入染色剂，之后取出布料，只有暴露在染色剂中的部分会染上颜色。而第三种工艺已在前文中提过，是著名的雕版印刷工艺，也可用于布料染色。

中国的另一种重要的工艺是刺绣。正如帕特里夏·贝克所言，"刺绣工艺往往会为人所忽视"；"整个伊斯兰世界都用刺绣来装点服饰的外表，让他们的衣服越来越多，衣柜越做越大。"男性绣工所得的报酬远比女性绣工要高得多，无论技术高低，他们都更为专业。和织制丝绸时一样，他们经常用金线和银线裹住丝线进行刺绣。

引入手工提花织机后，织造复杂图样就更为简单快捷了。第一架手工提花织机于何时出现，至今成谜，但通常认为，中国人在公元前2世纪发明了这种织机，并将它传至中东。这种织机的工作原理与前文中所提的手工织机基本相同，只是将三至六根经纱固定成一组，称为"睫毛"。织制时，助手坐于织机上方，控制经纱，每步需要编织图案或是投掷梭子时，及时拉出相应的经纱。显然，必须提前确定好拉动经纱的顺序，并按设置好的精确模式工作。伊斯兰世界广泛使用手工提花织机，而后它又风靡于

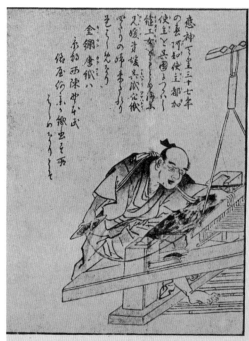

FIG. 78.—JAPANESE WEAVER BEATING-UP WEFT AND THROWING SHUTTLE

日本手工提花织机图。

织造图样的方法：坐在织机框架顶部的男子操作综片的同时，左侧的男子投梭子。

整个欧洲。直至 19 世纪初期，织制有重复图案面料时，这种织机都仍是最有效的工具。

伊斯兰世界采用多种多样的方式织制丝绸，因此，伊斯兰丝绸十分精美，广受称赞。最好的丝织品来自巴格达，而西班牙丝绸制造商为人所知，也因他们的丝织品中有些能媲美"巴格达制造"。即使在那个时代，人们也很重视品牌，仿造品没有销路。伊斯兰的丝织品顺理成章地传出伊斯兰世界，传到了西欧。但是，这些丝织品在欧洲并没有像在中东地区那样炙手可热。根据记载，1670 年，伦敦的不列颠东印度公司（the East India Company）从波斯购买了 270 万千克丝绸。千年的时光流逝，而他们的标准似乎从未下降。

波斯锦缎

1972 年由沙·阿贝夕（Shah Abessi）设计，采用波斯传统纹样。

第五章
文艺复兴时期的欧洲丝绸史

　　丝绸行业收益高，理所当然会传入欧洲。公元 9 世纪时，阿拉伯和犹太的丝绸匠人已开始移居意大利，但欧洲人主要还是从东方进口丝织品。卢卡市就有大量犹太人从事丝绸贸易。其中以卡罗尼莫斯家族（the Kaloymos）为最，他们一贯与拜占庭帝国和中东地区进行大宗贸易。12 世纪中叶，卢卡与热那亚两地的商人达成协议，将卢卡的货物通过热那亚送至港口运输，同时，热那亚商人从黎凡特地区进口生丝等材料卖给卢卡商人，给他们提供制造丝绸的机会。至此，卢卡商人不仅是丝绸交易商，更是丝绸制造商了。他们很快便发现，制造业和单纯的交易一样赚钱，甚至获利更大。

　　13 世纪，意大利的丝绸工业已开始进入繁盛阶段——"意大利丝绸工业"这一称谓其实并不准确，因为彼时的意大利并非主权国家，而由各个城邦组成；譬如，这一时期的威尼斯就并非我们现今所熟知的城市，而是威尼斯共和国。在这前后的几个世纪里，地区间的竞争成为促使意大利丝绸工业发展的一大特征。第一批发展起来的工业重镇有热那亚、威尼斯、博洛尼亚和卢卡。每处重镇皆有其特色。以卢卡为例，卢卡因高档丝绸面料闻名于世，用金银线刺绣丝绸面料，销往欧洲各地，几乎可以被认为是欧洲最成功的丝绸产地之一。但卢卡的政治分歧严重影响了其丝绸工业的发展。多年间，人民领袖党派一直管理着这一地区，但在 1314 年的政变中，比萨的乌古西奥内·德拉·法吉奥拉（Uguccione della Faggiuola）自立为卢卡之主。虽然他只当了两年领主就遭驱逐下台，但在这两年间，许多犹太丝绸手艺人都离开了这片土地，去往其他地区。有些人去了威尼斯，成为当地丝绸工业的中坚力量。他们最初受到威尼斯的热情欢迎，而后却惨遭质疑和排挤。1516 年，威尼斯共和国出台政策，将所有犹太人集中安置，安置地原址为当地铸造厂倾倒废弃材料之处。犹太人被迫居住的地区名为"隔都"（Ghetto），此词大概源于意大利语词汇"gettare"，意为"抛弃"。连接隔都和威尼斯其他地区的是两座桥梁；每至晚间，桥梁便会上锁，一旦在隔都之外发现犹太人，便会对他们处以罚款。这是欧洲的第一座隔都，20 世纪的学者认为它是黑暗、邪恶的。犹太人大大繁荣了威尼斯工业，却遭到如此对待，这项举措未免太过忘恩负义了。乌古西奥内的统治结束后，卢卡又很快回到了高盈利的时代，时至 1371 年，已有89 家登记在册的丝绸企业处于运营状态；14 世纪末，卢卡约有3000 架织机。

在威尼斯之外，犹太人同样遭受歧视。西西里岛早期也有丝绸工业，但后期逐渐衰落，并于 15 世纪短暂复兴。1485 年，一家丝绒制造企业于墨西拿成立，雇用了一名犹太匠人。这位犹太匠人为当地创造出巨大价值，因此，为确保他和家人的利益，政府对他取消了一些加诸犹太人的限制条件。例如，法律规定，犹太妇女必须穿着特定的服饰，而他的妻子和其他家人则可以按自己的喜好穿衣。一时间，他所供职的企业生意兴隆，可惜好景不长。当时的西西里岛处于西班牙的统治之下，1492 年，西班牙当局颁布法令，将所有犹太人驱逐出其领土。由此可见，丝绸工业与政治紧密相连。

各地统治者们都急迫希望招募到熟练的丝绸匠人，无论他们出身何处。1449 年，米兰公爵与佛罗伦萨的皮埃特罗·迪·巴托

14 世纪晚期的意大利丝绸残片。

里达成协议，后者将尝试从卢卡招募织工。1467 年，公爵颁布法令，保证移居而来的织工至少与其他丝绸重镇的织工薪酬相当。这一法令相当有效，当年米兰就招募到 300 名外国丝绸匠人。其他地区也效仿此法，不仅能拥有手工艺人，还可一并获得他们的织机设备。在卢卡·莫拉（Luca Molà）2000 年出版的《文艺复兴时期的威尼斯丝绸业》一书中，引用了摩德纳一位企业家之言。他说："幸而有这些移民的到来，这座城市才得以拥有水力织机和丝绸染色店等必要的设施，也让出生于此的人们有机会学习丝绸手艺。"本章节开头部分的许多重要内容，也引自卢卡·莫拉的这本书。

此处对水力织机的引述十分有趣，因为这比 18 世纪第一次工业革命英国的水力棉纺纱机早出现了几百年。但令人沮丧的是，因为在当时，这些最早出现的机器运行细节均需严格保密，我们对它们知之甚少。最早可考的文献出自 14 世纪的卢卡和 1487 年佛罗伦萨的一份手稿中的简略草图。1607 年曾出版一份更详细的图纸，人们普遍认为，更早期的丝绸纺纱机一定与 17 世纪的这一版图纸十分近似。图纸中的纺纱机由两个高高的同心圆形木框架组成，直径约 5 米。外圈固定，置有两排垂直的纺锤，上方有一水平卷轴。内圈由水轮驱动，围绕着一垂直轴转动。移动时，内部框架上的木条会摩擦外圈的纺锤和卷轴，使它们旋转。每个纺锤上都有一固定线轴，上方有一根 S 形的金属线。未扭曲的线穿过 S 形两端的小孔，转动时，捻至一起并缠绕到旋转的线轴上。14 世纪的卢卡文献中，可找到对这种纺纱机的描述。纺车双排共 12 卷轴，每个卷轴上含 12 个纺锤。后期的纺纱机更大，卷轴和纺锤也更多。早期，这些纺纱机都是在卢卡得以改进，而后被带往威尼斯和佛罗伦萨。意大利人对丝绸工业所做出的最大贡献，即发明了这种纺纱机。从 14 世纪到 19 世纪，意大利的丝绸工业一直在使用类似的纺纱机器。

各个领域都在竭力吸引人才。为吸引到高端手艺人才，许多领域都提出消除工人们可能担负的一切债务，而最奇异的提议，当属教皇西斯笃五世（Pope Sixtus V）的提案。他不仅要求消除工人的世俗债务，而且提出赦免各种罪行，以消除他们神圣的宗教债务。有时还必须为外来织工提供适宜的居住条件。比萨当局决定，外来织工可享双重福利。他们将妓女驱逐出妓院，并改造房屋，以供织工使用。随着当局推行各项激励措施，丝绸工业蓬勃发展，而后，当地居民也向外来织工习得了纺织的技能。1461年的一份文件显示，佛罗伦萨约有三分之一人口从事丝绸制造工作；至 16 世纪，卢卡的织工人数多达 1.2 万人。而这些数据中，未必包含那些兼职从事并丝、整经和络丝工作的女性。一位威尼斯驻佛罗伦萨的大使在报告中指出，佛罗伦萨每年进口 400 捆丝绸，约重 7 万千克。这一数据很好地说明了丝绸工业在佛罗伦萨的发展。

维罗纳（Verona）在其上书威尼斯政府的报告中指出，丝绸行业从外部引进工人对于地区整体发展的重要性：

　　　生产黑丝绒涉及许多工艺。养蚕、络丝和缫丝等
工艺适合妇女和儿童劳作；原料选别、调丝及染色等工

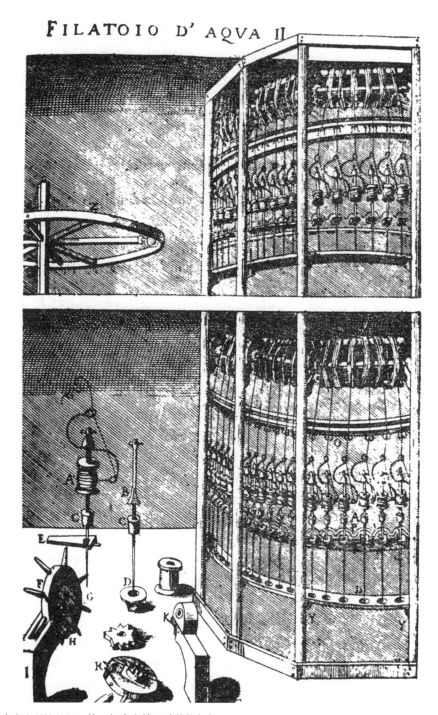

意大利捻丝机，第一架由水轮驱动的纺织机。

出自 1607 年版的《新建筑和机械大全》（*Nova Teatro di Edifici et Machine*）。

艺则适合更为成熟的男性从事。经营商铺、在黑市流通丝绸、以物易物、贩卖丝绸等工作适合商人来做；种植桑树、与商人一起开店、生产布料等工作可由公民参与。

维罗纳接着提出，丝绸工业还可增加税收。这一提议对政府支持丝绸行业建设起到了决定性作用。

丝绒这种商品价值极高。制作时，需使用起绒杆形成绒圈，再割断绒圈成绒毛；或是取出起绒杆，形成绒圈织物。在里昂，至今仍由手

工织机织造丝绒。我曾在一家专业丝绸店后面的工作室中，观赏过手工艺人织制丝绒的过程。丝绒的制作过程变化多端，结合剖绒和未剖绒的形式，还可双层分割起绒，织制不同纹样，抑或在此基础上增添丝线制成织锦。这些面料都极高档，价格昂贵，只有最富有、社会地位最高的人才穿得起。例如，威尼斯的贵族多穿黑色服饰，但参议院的官员必须穿着彩色服饰，每个职级都需遵循特定颜色。当然，他们都不满足于穿着普通面料的衣服，而倾向于选择精致的锦缎丝绒。

欲在其他地区经商赚钱的企业家也不总能轻易心想事成。1537 年，安东尼奥·吉多蒂前往英格兰经商，并定居于南安普

16 世纪威尼斯检察官偷盗之物，而后作为其官职的标志。
该面料原为两块女士披肩，从中间缝合为一体。

顿，而后为避免破产，不得不匆忙撤退回国。后来，他又抓住机会，回到英国建立丝绸企业，这一次，不仅还清了债务，还获得了可观的利润。他和枢密院议员、担任过多种要职的托马斯·克伦威尔取得联系，得到克伦威尔的鼓励，同时还强调自己办企业所付出的代价，以期获得政府补贴。他雇用了一位佛罗伦萨的织工，这名织工又聘用了 24 名有自己织机的熟练工，他们如期起航前往南安普顿，但是并没有记录表明他们最终到达了英国。而其他一些企业家的境遇甚至更为糟糕。

卢卡和尼科洛

两兄弟姓氏不详，他们从拉古萨共和国前往意大利。拉古萨共和国位于杜布罗夫尼克附近的达尔马提亚。卢卡说服了威尼斯的一位年轻的丝绒织工加入他们，又在自己的朋友中找到两名织工（一人负责染色，另一人负责纺纱）；而后，两兄弟又购买了纺纱机、织机和染好的丝线。威尼斯共和国的律法禁止带织工和纺织机器出境，但他们希望能侥幸逃脱。他们租了一艘船，只能带他们前往亚得里亚海的科尔丘拉岛，该岛经常与威尼斯贸易往来。而后，他们计划乘第二艘船前往拉古萨。但由于中间经手人员众多，他们的计划被人泄露给了当地政府。正当他们准备启程之际，在海港遭遇了突袭，被没收了全部设备。

各个地区的政府在从其他地区挖走工人后，都出台了惩罚性质的法规，意图防止其他势力再挖走他们新进的劳动力。大多数法律只禁止专业人员和设备的流动，违反法律通常将面临巨额罚款，或将面临短期监禁。还有一些法律更为严厉：1314 年颁布了一项法令，悬赏缉拿那些谋杀外来织工的人。一览佛罗伦萨和锡耶纳间的大恩仇，便可得知各方权力机关为保己方织工到底做出了多少努力。锡耶纳决定加入丝绸工业的大军后，也和其他势力一样，贿赂附近佛罗伦萨的织工，让他们前往自己的领土。而后，佛罗伦萨再派特工将这些人贿赂回来，并特邀织工们返回佛罗伦萨前烧毁织机和作坊。此后，锡耶纳颁布了一项法律，上书任何企图贿赂织工离开的特工，一旦被抓，都将遭遇公开鞭打，用烧红的铁烙印在脸上，并处以罚款。因此，基本可以肯定，这项法律适时阻止了特工活动。

然而，各方政府颁布的法律从未真正起效过，丝绸织工最终还是自由移居，遍布意大利。16 世纪中叶，一位丝绸商在维罗纳议会上的证词如是说：

　　过去，我在曼托瓦组织生产丝绒，我的织工大师们来自热那亚、米兰、博洛尼亚、费拉拉及意大利的其他各个城市。他们根据自己的意愿，为我工作三个月、四个月或六个月左右。

显然，随着丝绸制造工业冲出意大利、传向欧洲各国，织工不再受限，可以自由地前往各地了。

法国属于第一批受惠者，丝绸工业很快在图尔发展起来。图尔曾一度是法国的首都，至今仍有一座曾供宫廷使用的皇家宫殿。王室、贵族和教会，是高档丝绸的主要消费群体，因此，图尔可谓是理想的丝绸发展中心，在路易十一统治时期，享有王室的资助。图尔的工场成立后，国王希望在里昂再建一个，并希望里昂商人能为此买单。但里昂商人对织造丝绸并不感冒，他们自意大利进口昂贵的丝绸，收益甚高，完全不需要本土竞争。因此，图尔曾一度成为法国丝绸制造中心。1546 年，威尼斯大使马力诺·卡瓦利曾报告，一些手工大师携家人移居图尔，向法国织工传授高档丝绸的复杂编织技巧。

1536 年，弗朗索瓦一世开恩，授予意大利皮埃蒙特企业家斯特凡诺·托尔切托在阿维尼翁、热那亚等地开办丝绸厂的专利权；路易十四统治时期，法国丝绸工业变化最大——他下令让财政部部长让 – 巴蒂斯特·科尔贝尔（Jean-Baptiste Colbert）重组法国工业。初时毫不留情地拒绝了丝绸制造业的里昂，彼时却完全改变了想法。科尔贝尔最终选择了里昂作为丝绸工业发展重镇，18 世纪末，约有 1.5 万名工人投身里昂的丝绸工业建设，让它一跃成为全国最重要的丝绸制造地，并一直持续至今。在里昂丝绸博物馆中，陈列着当年为王室制造的华美丝绸面料，以及一件为玛丽·安托瓦内特（Marie Antoinette）织制的精美裙装——思及这位女士的最终命运，将这条连衣裙套在无头模特身上展示似乎不太得体。

　　法国的其他丝绸重镇也都生产出各式各样的丝绸。图尔以生产罗纹丝绸而闻名遐迩，这种丝绸被称作"图尔罗纹绸"。比较富有的中产阶级还能买到产自巴黎、尼姆、阿维尼翁等城市的丝绸。1993 年，莱斯莉·米勒（Lesley Miller）女士与詹妮弗·哈里斯（Jennifer Harris）等人合著出版了《纺织品的五千年》一书，其中研究了 1650—1800 年法国的丝绸史。她在书中引用了 18 世纪中期不同类型丝绸的报价，以此说明不同品质丝绸间价格的巨大差异：零售中，每臂刺绣着金银线的华美锦缎高达 180 至 350 锂，而每臂普通丝绸仅需 2 至 14 锂。若能一探织工的薪酬，便可清晰得知，商人选择华贵的原材料，究竟可以得到多大的回报。织工织制最华美的锦缎，每臂仅得 36 锂的报酬，而这锦缎却可卖出每臂 360 锂的高价。若是织制普通丝绸，商人们的利润就会大幅下降：无论织工织制何种丝绸面料，所得报酬相差不大，但普通面料售卖的价格却大大不如精美面料。因此，专门生产昂贵丝绸显然有利可图，但也要考虑客户的需求量和购买力。幸运的是，丝绸可以称得上是整个欧洲王室和贵族必备之物了。16 世纪 80 年代，英国的威廉·李（William Lee）发明了一种专门针织长袜的长袜架，希望得到王室的赞助。据悉，伊丽莎白一世最初对这项发明十分感兴趣，但当她了解到这长袜架不能织制丝袜时，立刻就兴致索然了。

　　不同时期的时尚变化多端，丝织品的设计也随之而变，但总体来讲都遵循两种设计模式：点重复或组合图形重复。前者多沿着面料的长边对称出现，多见于室内陈设中；后者却完全不对称，可以让设计师自由发挥，制造出更华贵的服饰面料。后人将这一时期的设计定义为"怪异风"，这一评价并不是说它们都很奇怪诡异，而是指图样复杂，没有明显重复的纹样。至 18 世纪中期，法国开始流行印花丝绸，而不单织制丝绸。而无论流行何种纹样或风格，丝绸技师们都别无他选，只能顺应潮流。法国天

| 1706 年的法国丝绸和衬裙　展于波士顿美术馆。

法国宫廷礼服
1750 年前后，里昂
制品。
由银线包裹丝线织
制而成，藏于里昂
丝绸博物馆。

主教会这个大客户，却仍要求他们保持传统，织制华丽的祭服。到了 18 世纪末，形势剧变，对于法国人来说，丝绸服饰和装饰就过于奢侈了。法国大革命的爆发后，一切都戏剧性地结束了，法国对绚美丝绸的需求，随着贵族们一同消失于历史的长河之中了。

织锦壁毯是中世纪和文艺复兴时期极为重要的纺织品。贵族的住宅和城堡虽然宏伟壮观，却有寒冷、透风的缺点，因此，十分需要在墙上悬挂壁毯。这些挂毯本身也是艺术作品，是展示贵族显赫地位的标志，因此，贵族们旅行时也常携带挂毯。英国国王亨利八世拥有大量挂毯，在他死亡一个世纪后，人们对他的一套十件锦织挂毯进行了估值，约为 5000 英镑，放在今天，则要超过 50 万英镑。由此可见，锦织挂毯十分昂贵。早期最著名的挂毯生产重镇位于法国北部的阿拉斯，这座城市还兼备大量的羊毛贸易。这里的挂毯极负盛名，故而"阿拉斯"这个名字成了挂毯的代名词——这也是哈姆雷特刺杀悲惨的波洛涅斯时，莎士比亚将波洛涅斯藏身的挂毯称为阿拉斯的原因。最早的挂毯完全用羊毛织制而成，而后随着人们逐渐向往更美丽的丝绸图案，开始出现织锦挂毯。

曾经帮助里昂建立丝绸工业重镇的让－巴蒂斯特·科尔贝尔，此时又开始着手重新组织巴黎的挂毯艺术家，在比耶夫尔河畔建立葛布兰工场，作为挂毯工业的大本营。葛布兰随后也成为上等挂毯的代名词。在查尔斯·勒布伦（Charles le Brun）的指导下，为王室创造出众多杰作，多以夸大宣扬路易十四国王的事迹为特色。

严格来讲，任何编织了图案的织物都可以被称为挂毯、织毯，自古便有这类物品，其中最知名的是从图坦卡蒙（Tutankhamun）墓中发掘出来的。但在本章节中，我们重点浏览中世纪欧洲的挂毯织造工艺。首先要绘制草图，便于织工将图画复制到织物上。最著名的挂毯图案画家是拉斐尔（Raphael）。1915 年，他受教皇利奥十世委托，设计了 16 幅挂毯全景图，展示出圣彼得和圣保罗的生活场景，这些挂毯后被挂于罗马西斯廷教堂。其中的 7 幅草图手稿，现被英国王室收藏，并在伦敦的维多利亚与阿尔伯特博物馆展出。法国还有一位伟大的图案画家：弗朗索瓦·布歇（Francios Boucher）。他最初在博韦市工作，1755 年被任命为葛布兰的监督。他擅长描绘浪漫的田园生活，在他的画中，相思的小伙子们似乎只能在树荫下为昏倒的挤奶女工唱一曲小夜曲，除此以外，别无他法。当时的法国王室十分喜爱他的作品，因为他的作品符合王室的品味——在那个荒唐的年代，玛丽·安托瓦内特王后可以斥巨资建造理想的"农场"，和她的女伴们在那里打扮成挤奶工和牧羊女。虽然她们可能从未在那儿挤过奶、剪过羊毛，她们也当自己是布歇农场中的人物。无

| 16 世纪法国挂毯　达芙妮将狄安娜视为自己的理想，弗吉尼亚美术馆。

怪乎著名的百科全书作者狄德罗（Diderot）如此评价布歇："那个人什么都能做——就是不说真话。"无论如何，布歇都绘制了精美的图案，织制成了美丽的挂毯。

织制挂毯会使用两种织机，分别是水平织机和立式织机。使用这两种织机时，织工都需在经纱后部工作。使用立式织机时，会将绘制好的图样悬挂在织物后的墙上，并在旁边置一面镜子，可使织工直观地比较图样和织物，检查织好的部分是否有误。若需织造巨型挂毯，他们会先把图样拆分成多个部分，并雇用多名织工，每名织工仅需完成自己的部分。在伦敦的维多利亚与阿尔伯特博物馆，即可看到这样的样图。博物馆中展出的七幅拉斐尔的作品，都曾这样被切割过，但在展览前均已重新拼成整体了。水平织机与立式织机织造挂毯的方式相仿，唯一的不同点是，将图样和镜子置于地板上。织造挂毯需使用大量纬纱，大批织工同时织造同一件作品——若是图样复杂，一名织工一个月也只能织出约一平方米的作品。这样看来，上面提到的拉斐尔的作品，都约有 15 平方米，若选择单人作业，每一幅都需要织造一年多

按照弗朗索瓦·布歇的作品织造的挂毯 1750 年，设计于博韦挂毯工厂。
以羊毛为经纱，丝绸为纬纱，描绘了罗纳尔多的梦想。

编织挂毯
18世纪法国葛布兰
工场。

时间。

织造一张挂毯，使用最多的并非丝线，但丝线的使用却能为挂毯增色，使它呈现出最美的样子。18世纪末，服装和室内陈设的织物市场持续增长，挂毯却几乎无人问津了——在法国大革命中，挂毯品质虽高，却毫无用处，真正失宠了。19世纪初，法国工业复苏之际，生产技术发生重大变革，改变了世界的进程，并对后世产生深远的影响。在我们讨论这一话题之前，还要先了解丝绸对航空领域的惊人贡献。从这个行业萌芽时起，丝绸便在其中发挥出重要作用。

18世纪末，约瑟夫·孟格菲痴迷于想象用气球在空中运送军队的场景。他认为，如果法国军队能从空中降落到岩石上，西法联军在直布罗陀海峡围攻英军的战局就会迅速结束。他想到一则传言：有人烘干女士衬衣时，还未来得及熄灭明火，衬衣就被上升的暖气流吹着飘到了屋顶。这个故事可能和其他传说一样，真实性也很低，然而约瑟夫·孟格菲却真切地意识到，在气球下方燃烧燃料，可以让气球升空，尽管在他的认知中，是燃料中的某种物质造成了这种效果。他用碎木屑和羊毛的混合物制作燃料。1782 年，他制作出第一个热气球，气球用丝绸织制而成，底部留有洞口。他向哥哥艾丁尼做了演示，给了艾丁尼很大触动，并建议他制个更大型的热气球。就这样，孟格菲兄弟制造了许多气球。1783 年 9 月，第一批"飞行员"在国王路易十六和王后玛丽·安托瓦内特的注视下，乘坐热气球从凡尔赛宫升空。这些"飞行员"并非人类，而是绵羊、鸭子、公鸡等禽畜。它们飞行了 3 千米后，安全降落。

孟格菲兄弟并非早期唯一的飞行试验者，他们激发了另外三位法国兄弟的热情。雅克·查理（Jacques Charles）和其兄弟爱恩（Ainé）、卡德（Cadet）一起，尝试了一种另类的加热空气升空的方式。他们使用的是最轻的气体——氢气。实验中，他们面临的最大问题是如何防止氢气从收纳它们的织物中逃逸。他们得出结论，这种织物必须很轻且防水。他们也像孟格菲兄弟一样，选择了丝绸这种上好的材料，但他们又做出改进，在上面涂了一层橡胶溶液。氢气热气球后来发展成为飞艇，是莱特兄弟发明出飞机之前唯一可行的飞行手段。热气球最早使用丝绸面料作材料，而后，丝绸在热气球上的用途再次出现重大进展。1797 年10 月，法国热气球驾驶员安德烈 - 雅克·加德林（André-Jacques Garderin）乘坐热气球升空，在他的驾驶舱上方，出现了一个新型设备，形似一把巨型雨伞，实际是一顶丝绸降落伞。他在到达适宜的高度时，切断了所有连接驾驶舱和热气球的绳子，展开降落伞，安全着陆，只是降落过程不太稳定。丝绸再次证明了，它

孟格菲兄弟，创造出人类历史上第一个热气球的先驱他们的第一个气球是用丝绸制造的。图中的热气球，是后来用丝绸和纸制成的。

的用途十分广泛。现在，请随我一起，离开航空领域，回到高级、时尚的世界吧。

第六章

丝绸织机的自动化

    束综提花机在文艺复兴时期大获成功，但劣势也很明显。使用这种提花机时，需有一人坐在提花机上，配合下方投梭打纬的织工，每次梭子穿过时，适时提起经纱。这项工作需要上方的织工非常专注，遵循正确的顺序提经纱，才能织出特定的图案纹样。自动化设备可以改进这种人工生产模式。第一位尝试改进织机的，是里昂丝绸织工巴西莱·布乔（Basile Bouchon）。布乔的父亲是管风琴制造商，他从父亲制造的手摇式管风琴中发现了机器自动化的形式。在这种管风琴中，排列在旋转钉筒上的直销钉和 U 形销钉决定了音符与曲调：直销钉发短音，U 形销钉发长音。钉桶转动时，销钉与活栓一起工作，让空气进入特定的音管中。每个钉筒只有一个音调，排列好的钉筒可以按需求演奏出需要的音符。为使管风琴正常运转，通常会事先在纸上打孔布局，再将纸环绕钉筒，使销钉实现精准定位。这便是 1725 年布乔的半自动穿孔纸带织机的灵感来源。

    布乔的织机就像手摇式管风琴一样，在纸上形成打孔的图案，再裹住打了孔的圆筒。在织机侧面的盒子中，装有一排连着针的钩子，每个钩子上都可勾住一根绳子，从而提起经纱。圆筒旋转至盒子处，如果钩子上的针碰到纸没有穿孔的部位，则会向上运动，提起经纱。而如果钩子碰到了孔，则会进入圆筒内部。每次投梭时，都需要用手旋转圆筒。一定程度上说，这种织机成

功了，但它并未被推广使用，主要因为两个问题：第一，采用此法依然需要一个织工操作设备，并没有节省人力成本；第二，纸张脆弱易损坏，一不小心撕裂了，就必须拿去修复，甚至还需要以它为样本，重新制作整卷的穿孔纸，成本非常高。当然，它控制的经纱数量也十分有限，所以无法用来处理非常复杂的图样。1728 年，布乔的助手法尔肯对织机做出重要改进。他用穿孔纹板卡片代替纸张，并增加了成排的用以提经纱的洞，可以控制更多经纱。新的织机克服了原有的一大问题：哪张纹板坏了就更换哪张，不需要再更换全部。当时 40 台这种织机一售而空，只占了当时数千台织机中很小的一部分。

　　1741 年，路易十五的首席大臣弗勒里奉命寻找提高法国丝绸工业生产力和创造力的方法，后世看来，这一举动预示着法国丝绸工业开始落后于欧洲其他各国。人们期待弗勒里能选出一位精

布乔织机
以穿孔纸带带动经纱无序运动。
现藏于巴黎工艺博物馆。

通纺织技术的人来担任监督员一职，但他选择了雅克·沃康松。沃康松出生于格勒诺布尔的一个制作手套的家庭中。虽然他没有纺织经验，但是他当时已经因为设计了一款非常精巧的仿生机械装置而声名远扬了。有人猜测，弗勒里的眼光十分敏锐，他当时就已经认识到，工业发展的未来在于自动化，那么，天才机械发明家可比精通纺织技术的专家要有价值得多。沃康松 18 岁时就发明了第一台机器人，可以清理桌子，并在晚餐时为客人服务。这还只是个开始。他制作的第二个机器是个一人高的牧羊人，可以演奏 12 首长笛曲目。而他最著名的作品则是一只机械鸭子。这只鸭子名为"消化鸭"，全身有数百个活动部件，与真的鸭子大小相仿，可以拍打翅膀、喝水，还能发出"嘎嘎"的叫声。它还有一个奇特的功能：它可以"吃"颗粒状的食物，进食一会儿后，后部会出现十分逼真的绿色黏液状"大便"，因此，它有了"消化鸭"这么一个奇怪的名字。在这一作品发布之后，发明一台自动化的织机似乎是小菜一碟了。

沃康松吸取了布乔和法尔肯的改进经验，并在此基础上改进织机，让织机可以自己动起来。他把机械装置置于织机的顶部，这样就可以用和之前一样的针、钩子和穿孔纹板，直接提起适宜的经纱了。然而，这一机械需要使用到一个复杂的滑动圆柱体装置。是否真的有人用过这种织机已不可考，一些专家认为，它根本无法运转。但它为后期真正突破技术障碍铺平了道路。

下一位解决技术难题的发明家是约瑟夫·玛丽·贾卡（Joseph Marie Jacquard）。对于大众来说，他的早年生活经历迷雾重重。首先要从他的姓名讲起，其实他的真名叫做约瑟夫·玛丽·查尔斯（Joseph Marie Charles），但很多查尔斯家族的亲戚们都居住在同一片区域，为了区分他们，人们便给他们都起了绰号，他家这一支被称为贾卡（意为提花机），并一直沿用了下来。他出生于 1752 年，父亲是位纺织大师，家里有九个孩子，只有两人活了下来。他从未接受过正规教育，13 岁时仍是个文盲。那一年，他的姐夫（一位印刷商、书商）辅导他学习，并把他介绍给一群知识分子。他智力超群，身体却很虚弱。他理所当然地随父亲一起织布，也开始随姐夫一起印刷、装订书籍，后者对他来说实在太重要了。1772 年，父亲去世，他继承了父亲的庄园和纺织厂，还有一个葡萄园、一个采石场。1778 年，他已自称为纺织大师和丝绸商人，这说明，继承家族产业让他能在一定程度上独立起来，这在织工中是十分罕见的。约瑟夫娶了一位名叫克劳丁·布乔的寡妇，她带来了大量嫁妆和财产，为贾卡家增加了大

沃康松织机
在布乔织机的基础上做出了改进，使用穿孔纹板替代穿孔纸。

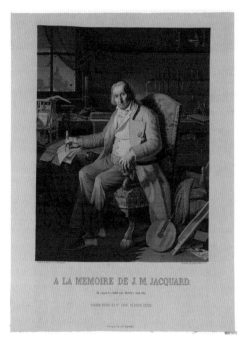

A LA MEMOIRE DE J. M. JACQUARD.

约瑟夫·玛丽·贾卡肖像图
丝质，使用贾卡提花机织造而成。

笔家庭收入。1779年，克劳丁诞下一子。如此看来，约瑟夫的前景似乎十分光明，但他实际上负债累累，不得不卖掉父亲的遗产。他继续做生意，并开始尝试制造自动化束综提花机，但收效甚微。

法国大革命对丝绸业产生了深远的影响。1793年，一场反对国民公会极端分子的人民起义爆发了。贾卡及其子都作为起义者参与起义。在起义明显面临失败之时，他们逃走了。当时，他们处境堪忧，于是使用化名，去往一处安全的地方。父子二人都加入了法国革命军，参加了1796年的莱茵战役，儿子不幸死于这场战争。贾卡回到里昂后，从事了修理织布机、漂白草帽等各种各样的工作。1799年前后，他再次开始发明之旅。并于1800年发明出脚踏织机和编织渔网的织机，前者获得专利权。他再次研究自动化束综提花机，并于1801年获得成功。当年，他在巴黎的法国工业产品展览会上展示了这部织机，并获得青铜奖章。1803年，他被召回巴黎，有幸在法国国立工艺学院参观了沃康松织布机。1804年，他最终完善了自己的织机，并在里昂进行展示，虽然轰动一时，结果却完全出乎意料。

欧洲工业革命时期，节约人力成本的设备都激起了工人们强烈的反抗。在英国，理查德·阿克莱特开设在兰开夏郡的水力棉纺厂惨遭烧毁；勒德分子粉碎了约克郡引进的梳棉机。工人们反抗的原因很简单：使用设备代替人力，商人和制造商可以节约成本、增加利润，但熟练工的生计却受到了威胁。里昂的工人也经受着同样的恐惧——如果贾卡提花机可以织造复杂的图样，可能就不再需要工人的专业技能了。最重要的是，自动化提花机让专职提花的织工变得多余，但他们的家庭却还要依赖他们才能生存。因此，贾卡的新型织机被砸坏了。虽然机器可以轻易被毁坏，但思想却没有那么容易被摧毁。

　　1804 年是不平凡的一年，贾卡在这一年公布他的发明，拿破仑也在这一年登基称帝。法国大革命时期奉行的朴素很快就被抛弃了，新宫廷与旧宫廷一样，对丝绸充满热情。新政府还热衷于推动发明创造——海峡对岸，宿敌英国在工业方面取得了长足的进步，拿破仑不愿看到法国落后于人。贾卡被传唤到巴黎，与拿破仑长谈了两个小时，解释了他的织机原理。拿破仑对他刮目相看，在法国国立工艺学院为他提供了公寓和工作室，并发放了一笔可观的津贴，让他可以专注于完善机器。

　　贾卡提花机将穿孔纹板连接成串，包裹在一个方形盒子上。每张纹板一就位，就会使用简单的踏板升起一根连着钩子的杆。若杆可以穿过纹板的孔，则保持静止；若杆遇到纹板实体，即未穿孔的部位，则发生位移。而后，再升起一根综框，与留在原处的杆相连。每只钩子连接一到多根经纱，提起经纱形成梭口。贾卡提花机的最大优势在于一台织机只需一人操作，并且可以织造最复杂的纹样。尽管这一设备常被称为提花织机，但它实际上是一种提花机，理论上，可以与任何织机一起使用。它唯一的缺点是，设备高度大大增加，一些工场的高度无法容纳下它；当然，总有一些织布工买不起这台设备。

　　使用贾卡提花机的一项重要工作是创建纹板。首先，必须在方格纸上设计、绘制穿孔纹样，再转移到纹板上。初期，里昂的纺织工人之家设计纹板时，将经纱以正确的顺序排列在垂直框架上，操作人员一行行设计，并适时提起经纱，制成样本。而后开始更精细的机器打孔步骤，最后再使用第三台机器，将纹板以正确的顺序缝制到一起，形成连续的循环。织完一个纹样，纹板便完整地转过一圈，就可以复制同一个纹样、开始下一个循环了。在英国的麦克尔斯菲尔德，可以看到另一种制作纹板的方式，使用与打字机键盘类似的机器手动打孔。

尽管贾卡提花机遭到里昂织工的抵制，还是迅速传遍了整个法国，拿破仑本人也是受益者之一。在里昂丝绸博物馆内，可以看到拿破仑收藏的一些具有异国情调的丝绸面料。据推测，一名熟练织工使用老式束综提花机，一天可织造 1 英寸（合 2.54 厘米）的精美丝绸；若使用贾卡提花机，则可织造 1 英尺（合 30.48 厘米）。能立即提升 12 倍生产力的机器并不多，因此，这台设备一经面世，相关消息就迅速传出国门。在英国斯皮塔佛德，李威尔逊公司的斯蒂芬·威尔逊（Stephen Wilson）派出一名工业间谍前往法国。1820 年，这名间谍在给威尔逊的一封信中报告，他已经看到了设备的全部操作流程，正在偷偷将纹板、连接杆和钩子带出法国。

贾卡提花机的一大优势是，它几乎可以应用于任何织机上。19 世纪初，开始出现动力织机。第一台动力织机的出现与当时的丝绸业并没有直接关系，但值得一提，因为发明过程十分离奇。埃德蒙·卡特莱特牧师是梅尔顿莫布雷的教区长，这个小镇的猪肉馅饼闻名遐迩，纺织品却籍籍无名。事实上，当曼彻斯特的一位制造商告诉卡特莱特，永远不可能出现机械化的手摇织机时，他甚至还从未见过织工织布的过程。他下定决心，要证明专家是错的，于是，他着手设计动力织布机，最终制造出一台动力织布机模型，并在 1786 年获得专利。这项发明并不算是巨大的成功。经纱垂直而立，用卡特莱特自己的话来说，"簧片落下的重量至少有半英担，而投梭所需的弹簧力度，足以射出一枚康格里夫火箭了"。康格里夫火箭是一种军用火箭，可以携带数百磅的爆炸载荷，这番话足以让人们了解到，卡特莱特的设备中，投梭所需的力量。初始时，动力织布机的动力源是两个壮汉，他们工作一小时左右就会筋疲力尽。而后，卡特莱特进一步改进了设备，并取

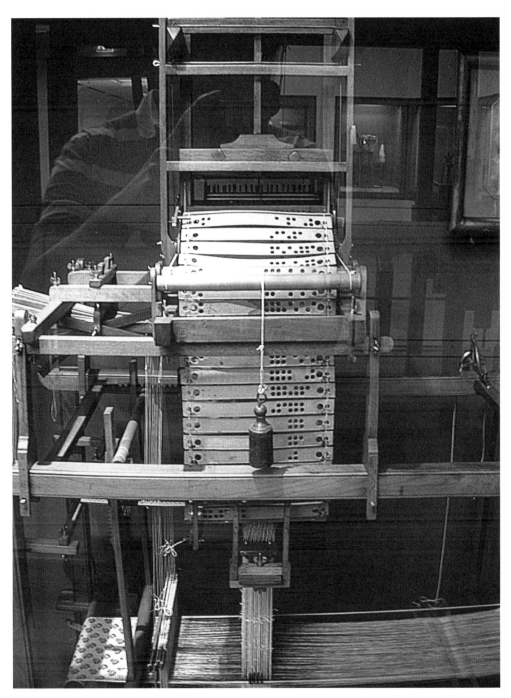

1810 年的贾卡提花机

现藏于巴黎工艺博物馆。

近距离视角下的贾卡提花机纹板。

孔的位置变化，每一行中的经纱有些被提起，有些留在原位。

得了更多的专利。在他最终版的动力织布机中，改用杠杆和凸轮的组合投梭，也用水车或蒸汽机替代人力来提供动力。后来又改进了自动停机装置，在断纬或梭子卡住时，可以自动停止机器运转。改进后，织工不需要再盯着一台织机处理各种问题了，而是可以一人照看两三台织机。织布工作开始从家庭和作坊转移到工厂，越来越多的手织机织工被机器取代，使用新织机工人也大多由男性变为了女性。纺织行业发生的剧变，影响到其中的各个分支，自然也影响到了丝绸业。

　　贾卡提花机彻底改变了丝绸生产，它通过穿孔纹板控制复杂动作的基本理念，在丝绸行业之外也产生了深远的影响。贾卡提花机的核心是打孔的纹板，最初源于布乔从手摇式管风琴上获得

丝绸展板
画面显示出里昂的纹章狮子、装载着欧洲各地货物的火车，以及从美国起航的船。

的灵感。手摇式管风琴的旋转钉桶相当简陋，每个桶只能弹奏一首曲目。19世纪，宏伟的露天管风琴出现了。传统的教堂管风琴需要持续不断供应空气，管风琴师按下控制台上的键或拉出音栓时，就会打开阀门，让空气进入特定的音管，从而产生特定的音符。那么，露天管风琴也可以使用贾卡提花机类型的纹板——纹板上的孔允许空气进入适当的音管。这一过程必然很复杂，因为设计露天管风琴的目的，是让它能像乐队一样发出声音，一些音管产生类似小号的声效，另一些音管则装上簧片来模仿簧管类乐器。这就要求设计师必须为每种"乐器"都提供一整套音符卡片。我最近参观了布里斯托尔附近的迪安家庭作坊，这家作坊制造、修理露天管风琴。我发现，他们制造某些部分仍然没能实现自动化。例如，他们仍用手工切割音符卡片。不同于贾卡提花机的纹板，音符卡片上的孔是矩形的，狭缝的长度决定空气进入特定音管的时间长度，从而决定音符的长度。它们也像提花机的纹板一样，被固定在一起，形成一本"书"。很高兴人们至今仍然着迷于这些有趣的机器，但在贾卡提花机引领技术革命的主线故事中，它们只是其中的一个细枝末节。

19世纪，通信行业飞速发展。这个行业始于库克和惠斯通开发的电磁式电报设备，通过电磁移动指针来指示字母。萨缪尔·摩尔斯对这套系统做出了最大的改进，他不再使用指针指示器，而使用了著名的点、划系统，即莫尔斯电码。莫尔斯电码的劣势是，发送消息所需的时间取决于操作员的速度，而且容易出错（我多年前学习莫尔斯电码课程时，便有此发现）。如何弥补这个劣势呢？答案是开发一个系统，具备更正、存储消息并延后发送的功能，这样，唯一限制速度的因素就是系统本身了。打孔纸带可以做到这一点。埃米尔·博多开发了一个系统，用五个类似钢琴键的按键对纸带打孔作为密码。例如，操作员按下1键代表字母A，按3和4键代表字母B，按1、3、4键代表字母C，

理查德·迪安
使用穿孔音符卡片
控制露天管风琴。

等等。当然，操作员必须学习代码，但学起来并不比莫尔斯电码难。然后将打孔纸带插入电报机并运行以发送消息。唐纳德·默里又改进了博多式电报机，他仍然使用博多密码的编码，但不只用五个按键，而是用一个非常类似于标准打字机的键盘来打纸带。这就是电传打印机，直到计算机时代开始前，仍是标准的通信方式。

　　印刷报纸仍是向大量人口提供信息的主要方式。德裔美国人奥特马尔·默根塔勒开发出一种革命性的印刷方式。旧的印刷方法需要排字员挑选出单独的印刷文字，并按正确的顺序放置于箱子中。而新的印刷方法则创建了一个排字模型。操作员在键盘上敲出穿孔纸带，再送入一块铸有单个字符的模具金属板模型盒中，再将模型盒放入铸机中，注入熔融的铅。以打孔纸带决定要浇铸的模具，而后将文字放在正确的位置上。据说，一位参观者第一次看到这台机器运转时，惊呼："你刚刚铸了一行字（a line of type）！"这就是这台机器的名字的由来——莱诺铸排机（"一行字"的缩写形式，Linotype）。1886年，它首次亮相《纽约论坛报》办公室，并很快成为全世界报纸业的标准印刷法；与电传打字机一样，一直使用到计算机时代伊始。而计算机时代，则开发出穿孔纸带的另一项主要用途。

我们以 10 为底数进行运算，可能是因为我们 10 根手指，能够帮助到我们计算。但数字不一定要以 10 为底数进行计数——许多数学家更喜欢以 12 为底数。最简单的计数系统是以 2 为底数。我们对十进制很熟悉，在 9 之后，我们回到 1 并在后面添加一个 0。二进制原理相同。因此，数字 1 至 7 的二进制代码是：1，10，11，100，101，110，111。贾卡提花机上所运行的正是二进制系统，所有的经纱都对应着提起和原位这两种状态。二进制系统还适用于其他地方，如露天管风琴的吹奏和不吹两种状态。它也可以编码为 1 或 0，正是早期计算机中使用的。20 世纪 60 年代，在我从事 X 射线晶体学数据的工作时，不得不在系里的计算机上预约时间，每隔一段时间就需要预约一小时。接着需要将数据传输到穿孔纸带上。电脑本身就很大，要占据整间大房间，但所能做的仅仅是处理数字。即使是当今最便宜的智能手机，也比它的功能多得多。当时，我们完全无法想象竟然可以用电脑来处理文字。而现代计算机依然使用以二进制代码为基础的系统。

当然，如果说 20 世纪的计算机程序员和开发人员是从贾卡提花机的纹板中获得灵感的，简直就是无稽之谈。尽管如此，两个世纪前首次对织机进行自动化改造，是长期以来自动化发展的开端，提花机的纹板与二进制代码一起，为后来的一切思想与技术的发展提供了基础。也许确实有人也想出一个类似的系统，但它最初是用于织造华丽的丝绸面料的。

不知不觉间，我们随着自动化的发展来到了现代。现在，是时候让时光倒流，请您随我一起回到过去，看看世界其他地区的丝绸制造业发生了些什么。我们先从英国开始吧。

第七章

英国丝绸工业

我的朱莉娅，一身罗裙，步履款款，

甜美动人，衣袂飘飘，

罗绮似水波般荡漾。

我凝目视之，

看那恣意颤颤舞飘摇；

啊，那熠熠光辉令我心驰神往！

　　17 世纪的英国作家罗伯特·赫里克（Robert Herrick）在他的诗中充分描绘了丝绸的独特性，表达了他对丝绸性感质地的神往。有如此感受的，绝非他一人，英国等欧洲各国都钟情于购买丝织品。中世纪时期，丝绸进入英国，并立即被上层阶级垄断。富有的商人可以用这种奢华的面料来打扮自己和家人，其他人则都买不起丝绸。1363 年，出台了一项《反奢侈法》，明确规定了可以穿丝绸和不能穿丝绸的人群。等级在骑士以下，完全禁止穿戴丝织品，骑士也会受到监管。身价在 500 马克以上的骑士可以按照喜好随意穿衣，而若达不到这个标准，根据规定，其妻则不能戴丝绸面纱；也有明文规定，最穷的骑士禁止穿紫色丝织品。就像几个世纪以前的中国一样，丝绸在英国宫廷和官职中，显示出贵族的地位和价值。伊丽莎白时代的英格兰地区，还有一个能穿丝织品的特例——演员可以穿着华丽的丝质服装，在舞台上扮演贵族；但到了剧院外，他们同样不能穿戴丝绸服饰。关于演员在舞台上穿着丝绸服饰，确实有证可考。在描写莎士比亚的传记作品《俗世威尔》中，作者斯蒂芬·格林布拉特（Stephen Greenblatt）引用了演员奥古斯丁·菲利普斯的遗嘱，他在遗嘱中给他的一个学徒留下了黑色塔夫绸西服套装。莎士比亚本人则设法为他父亲购买了一件盾形纹章，他父亲曾担任埃文河畔斯特拉福的执行官。可以说，剧作家和演员的身份，可以穿着任何华丽、优雅的衣服炫耀自己了。

中世纪时期，英格兰主要生产丝质绶带等小件的丝织品，但即便如此，15 世纪时，英格兰人还是认为有必要禁止丝绸进口，以此来保护本国处于萌芽状态的丝绸工业。1472 年，苏格兰国王詹姆斯三世颁布了一项类似的法令，禁止国民穿丝绸服饰，理由是国家无力支付此类奢侈品进口。此时的英国，再次像一个世纪前那样，限制身价在 100 英镑以下的骑士穿戴丝绸——但有一点说来奇怪，传令官和吟游诗人能穿丝绸服饰。在苏格兰，严厉的神职人员也同样反对丝织品。1575 年，苏格兰长老会召开大会，会上宣称："我们认为所有的刺绣工艺都不礼貌、不得体。"大会希望所有神职人员及其妻子都能穿着得体。"他们都习惯穿黑色、赤褐色、灰色和棕色等颜色肃穆的服饰。"而此时苏格兰似乎还没有真正的丝绸工业，主要通过利思的港口进口全国所需的丝绸。

16 世纪 80 年代，西班牙和荷兰爆发战争，提振了英格兰的丝绸工业。荷兰织工信奉新教，他们担心西班牙会在战争中击败荷兰，迫使他们皈依天主教，因此而移居伦敦，定居在斯皮塔佛德地区。该地区最初名为斯皮塔菲尔德（Spittle Fields），有一所成立于 1197 年的圣玛丽的斯皮塔（St. Mary's Spittle）修道院，地区名即以修道院的名字命名。它作为伦敦城墙外发展的工业区，不受城市法的约束和限制。荷兰织工很快就在斯皮塔佛德建立了一套纺织工业体系，以纺织大师、熟练工和学徒这三个等级作为基础。1628 年，当地的丝绸行业正式得到政府的承认，织工被并入了名为"城市公司"（City Company）的组织。1680 年，伦敦织布公司控制了全伦敦所有的纺织业，并在接下来的五十年里不断发展壮大，拥有近 6000 名成员。他们制定了严格的行规，尤以学徒制为甚。纺织业的学徒必须为男性，学徒七年才能获得熟练工称号，之后才可以自己从纺织大师那里接到工作。

克莱尔·布朗撰写了一篇关于斯皮塔佛德织工的文章，详细介绍了当地典型的商业活动。弗朗西斯·瑞博特和尼古拉斯·乔德恩的营业场所位于现今靠近利物浦街车站的乌鸦街（Raven Row）。瑞博特在名片上，将自己定义为"制造、销售各种华贵锦缎丝绸"的织工和商人。他的合作伙伴们通常不自己织布，但会雇当地的纹样画师设计出美丽的纹样，再让专攻绮、缎等某一特定丝绸面料的大师进行织造。瑞博特和乔德恩的商店名为"猫的标志"，会向伦敦市内外出售一些丝织品。

尽管英国本地的丝绸产量略有增加，但英国人所需的大部分丝绸面料仍主要从法国和意大利进口。詹姆斯一世认为，英国可以通过发展本土的蚕养殖业，增加丝绸行业的竞争力。他订购了大量桑树，专门打造出一个桑园，大致位于现在白金汉宫的位置，占地四英亩，有他专雇的植桑人照料。此外，詹姆斯一世还颁布法令，令土地所有者种植桑树，每千棵树可得六先令。然而，他进口的品种是黑桑树，不是蚕喜欢的白桑树，实属不幸。这一错误可能是因为皇室无知，或因为法国为保证本国丝绸贸易的领先地位，故意送错了品种。国王还试图说服英属美洲殖民地的农民放弃种植害人的烟草，去植桑养蚕、将蚕茧送回英国，但农民对此不感兴趣，因此这项计划未能成功实施。无论如何，英国并没有真正建立起养蚕业，它的丝绸工业发展，完全依靠进口原材料。

早期，织造丝绸的所有准备工艺（捻丝、并丝等）都需在伦敦进行。19世纪仍在使用最古老的捻丝方法，着实令人感到惊讶。1841年，沙夫茨伯里勋爵所领导的皇家委员会，在丝绸行业童工问题报告中，描述这一准备流程：

> 捻丝前，工人们需在至少30至35码（27.4~32米）长、有两个或以上房间的建筑物中工作，每个房间分别雇佣一人、二人或四人和一个被称为"帮手"的男孩……儿童、青年，成年妇女通常在上层工作，他们是"开松工""并丝工"和"卷绕工"；一位男子提供动力支持，其余人专注于自己手中的卷轴和线轴……络丝工站在门边或轮子边操作线轴，再把线轴给作为帮手的男孩儿。男孩首先拿起一根置有四个丝线轴的杆子，固定好两端，跑到房间另一端尽头的"十字架"处，将每个线轴上的丝线绕过十字架，然后回到门边。接着，他再以同样的流程和路线往返，再跑到十字架上解开线，来到滚轴前。假设师傅一天要滚12个滚轮的丝线，这个孩子就要赤脚跑14英里（22.5千米）。

这是基础步骤。每当男孩将线绕过十字架，加捻工就会转动滚轴，给丝线加捻。

17世纪末，英国除了有荷兰籍织工外，又加入了大量法国难民织工。宗教偏见再次将技术工人带到英国。1598年颁布的南特敕令，允许法国新教徒有一定的信仰自由。然而，路易十四是一位坚定的天主教徒，于1685年撤销了该特赦令。支持宗教改革的法国新教徒并非路德教派教徒，而是胡格诺派教徒。南特敕令被撤销后，胡格诺教徒面临被迫皈依天主教或被起诉的风

斯皮塔佛德，福涅尔街，丝绸织工的房子。
顶部为典型的纺织阁楼。

险，因此，许多教徒逃到了英国，其中就包括许多成熟的丝绸织工。他们为英国带来了专业知识和技能，受到非常热烈的欢迎。他们加入了教会募捐特许状的体系，在需要时可以及时获得资金帮助。1687 年 4 月，一项枢密院令要求全国捐款，筹集了 20 万英镑，价值相当于今天的 3000 万英镑。筹措资金数额巨大，但问题同样大——据估计，约有 1.3 万名胡格诺派难民在伦敦定居。虽然他们需要花费巨资，但他们带来的知识是无价的。他们带来了以前只在里昂和图尔生产的各种各样的产品，如丝绒、织锦和波纹绸。他们不仅自己织造以上丝绸面料，而且还向斯皮塔佛德原先的织工传授技术。斯托在其《伦敦调查》中对法国织工大加赞赏。这部出版物于 16 世纪末首次出版，对伦敦各区展开逐一调查，每隔一段时间还会在新版中对信息加以更新。在描写斯皮塔佛德的条目中，包含了对胡格诺派教徒的评论：

> 他们在这里获得了宁静和安全，并以织工等身份在各行各业安顿下来。上帝的祝福不仅福泽贫穷的异乡人，也为整个国家带来了巨大的恩惠——大量丝绸织造商带着材料和设备涌入英国，他们带来了丝绸艺术。这些移民对社区也极为有利，他们作为服务人员，十分节俭、诚实、勤奋和清醒。

当时的英国非常流行花绸。据说它是由劳森、曼斯科特和蒙索这三位织工引进的，由艺术家博多安提供设计。另一名难民工人带来了为丝绸塔夫绸增光、使之成为光亮绸的技术。为此，里昂的丝绸织造商一定特别恼火，因为一直以来，对伦敦出口黑色光亮绸都是他们出口贸易的重要组成部分，因此，这种面料还被称为英国塔夫绸。现在，在斯皮塔佛德同样可以得到高品质的光亮绸了。1692 年，英国的光亮绸生产行业已经成熟，新成立的皇家光亮绸公司获得了特许状的资助。这家新公司设法说服议会，当地自制的产品质量非常好，已不需要再从法国进口了，因此应该禁止进口行为。在法国人看来，这简直就是雪上加霜。不过这一论点相当奇怪：如果英国的丝绸面料真的这么出色，为什么还需要保护它不与外国产品竞争呢？

英国花绸马甲样板 18 世纪早期，史密森尼设计博物馆。

伦敦丝绸工人一直努力生产可以抗衡法国进口丝绸的产品，早在 1696 年，人们就采取措施保护本国工业，要么对进口商品征收高税，要么通过法案彻底禁止进口行为。当年，一部法案对进口丝绸造成的本国收入损失深表遗憾，并称英国不再需要进口丝绸，因为现在可以由"皇家光亮绸公司在英国织造丝绸，品质与其他国家的一样完美"。实际上，高额的进口关税会阻碍合法贸易，但英国人对豪华的法国丝绸的需求并未得到满足。这部法案谴责"进口此类外国丝绸却逃掉关税的行为十分邪恶"。简单来说，关税很高时，走私活动就会猖獗。

对许多人来说，走私似乎是一种无害的活动，社区对其视而不见。正如吉卜林在《走私者之歌》中所写：

二十五匹小马，

小跑着，穿过深夜黑色的迷雾，带来——

牧师的白兰地，教士的烟草，

女士的蕾丝，间谍的信件。

亲爱的，当先生们经过时，请注意墙壁。

塔夫绸连衣裙
18 世纪晚期，斯皮塔佛德织造。

但并非所有走私者都是绅士，或者说，不是真正的绅士。英格兰西南部和东南部的走私者似乎有所不同。前者通常是渔民或社区中受尊敬的人，而后者实际上是有组织的犯罪团伙。西南地区并不富裕，就像吉卜林的诗中所描写的那样，烟草和白兰地基本是最常见的走私商品。走私丝绸的市场位于伦敦及周边较富裕的地区，大部分丝绸通过东南港口运送而来。

最臭名昭著的走私团队是位于英格兰东南地区肯特郡的霍克赫斯特帮（Hawkhurst Gang of Kent）。他们无情且暴力。虽然没有直接证据，但是据说，但凡有人告发他们，他们便会以死亡威胁这些人，且通常真的会将人置之死地。他们厚颜无耻、装备精良，无视权威。1747 年，一位年轻的军官在附近的一个小镇上组建了一支自卫队，自称赫斯特良民民兵团

（Goodhurst Band of Militia），听起来很受人尊敬，但实际上根本没有法律地位。但对地方政府来说，他们自己无法对付霍克赫斯特帮，有人能和这个走私团伙较量，实属幸事。民兵团在一场激烈的战斗中，致使三名走私者受伤，并抓获团伙的头目托马斯·金斯米尔和两名同伙。金斯米尔被移交给政府，经过审判、定罪，最终被处以绞刑。霍克赫斯特帮因此而终结。虽然从法国走私丝绸的行动并没有因此而结束，但是英国国内的丝绸产业已开始持续增长。

仍有迹象表明，在斯皮塔佛德独特的丝绸织工房子里，至今仍有织工存在——光线穿过宽大的窗户，照亮了顶层阁楼和里面的丝绸织机。这些房子看起来很宏伟，内部的大部分空间都被用于丝织工作。一份报告中，对此地的织工进行了描述。他们通常有两台织布机，一台给自己，另一台给妻子。组建家庭后，孩子们也能很快开始辅助工作；在他们长大到可以独立使用织机时（多数在十三四岁的年纪），也就学会了织制丝绸。慢慢地，房屋可能有多达四台织机。随着家庭的壮大，年幼的孩子把床塞进家庭作坊的角落里。织工很少有整经设备，所以这一步骤必须由专业人员完成。他们从丝绸技师处索取织物纹样，按正确的顺序排列丝线，然后绕到织机后面的整经滚筒上。技师不需要支付整经人员的报酬，报酬需由织工支付。还有一个副业十分有利可图。织工多在屋顶上设捕鸟器，再出售捕获的鸣禽。在现在的福涅尔街和威尔克斯街上，有一些传统织工的房子，老房主们不愿被询问旧房子和作坊的价格，甚至对此相当反感。

丝绸一直被视为纺织界的奢侈品，主要因为进口丝线成本极高。18世纪初，进口丝线价格降低，因为为此发生了许多神秘和冒险事件，涉及工业间谍、走私和暗杀。人们需要推测并加以辨别，有多少故事是真实发生的。英国人很早便知道，意大利人使用机器捻丝、纺丝，但这些机器工作原理的细节方面一直被严格

斯皮塔佛德学徒一人偷懒睡觉，一人勤奋工作。荷加斯绘图，1749 年。

保密着。伦贝家族是一个织工家族，24 岁的约翰·伦贝被哥哥托马斯派到意大利，去皮埃蒙特调查机器。他伪装成一名普通的找工作的织工，在皮埃蒙特的一家纺纱厂找到工作。他一边工作，一边偷偷记录机器的信息，一掌握到足够信息，就逃回英国。回到家后，他和兄弟开始在德比郡德文特河畔的一个岛上，建造了一座水力工厂，并安装了新机器。工厂开办得非常成功，但皮埃蒙特人极为愤怒。他们雇用了一个女孩，去伦贝家中做工，慢慢给约翰·伦贝的食物中添加毒药。1722 年，约翰·伦贝在长期痛苦的疾病折磨中去世了，病因不明，但德比的所有人都相信他中毒了。

这个故事中有多少真实成分？托马斯·伦贝在为家族的机器申请专利时，声称为了将这台机器带入英国，他的家人在金钱和生命上，都付出了巨大代价。他后来在申请延长专利时，重复了同样的要求，这一次，他还出示了一份意大利语文件，表明任何人一旦试图将丝绸设备的细节信息带出意大利，都会被判处死刑。贝伦家族的事迹，似乎是一起骇人听闻的诈骗故事。但另一方面，意大利丝绸机器的详细资料，以书籍形式出现在英国，副本存放于牛津大学博德利图书馆中。当然，德比郡的织工几乎不可能经常使用博德利图书馆，即使他们看过这本意大利语写成的书，也无法领悟所有细节、制成机器模型。而无论人们在故事中添加了什么修饰成分，贝伦家族确实取得了成功，尽管约翰英年早逝，但托马斯成了一个富有的人，后来被封为爵士。

1785年，威廉·赫顿（William Hutton）出版了一本名为《德比历史》的著作，他在其中描写了这家家族工厂。在他的描述中，工厂包含三台设备：一台络丝，一台加捻、卷绕，一台并丝。他简要描述了络丝过程：

> 丝线不断开松，再由手指灵活的孩子负责处理。机器不断转动圆形线轴或小木块，孩子们要从绞纱中抽出线……一个人负责20到60根不等的丝线。

赫顿本人就是那些孩子中的一员，这些孩子必须手指敏捷，而赫顿并不喜欢这种体验：

> 从格里高利到高夫，半个世纪以来，到访过德比郡的所有游客，都描述过这家丝绸厂。但是，我们不得不怀疑，一位不了解纺丝工作的作者对这台机器所进行的描述，是否具有参考价值。有些人热切地希望看到这台神奇的机器，但我真诚地希望我从未见过它。我曾感叹，世界上的所有人几乎都在德比以外的地区出生，而我却出生于此，这真是我的不幸。作为一个好奇而不幸的人，我在那儿做了七年学徒。我一直认为，这是我人生中最不快乐的经历……我的父母仅仅出于需要，在大自然赋予我工作能力之前，就让我去劳动。尽管设备很

德比丝绸厂
右侧为克罗切特丝绸工厂原址。

低，但我太矮了，还是无法够到它们。为了弥补这个缺陷，我制作了一对高跷，绑在我的脚上，我一直踩着它们，直到时光增加了我的身高。高跷的束缚和劳动并不是负担，但严酷程度令人无法忍受，我身上还带着这些印记，也终将把它们带入坟墓。

赫顿只是敷衍地介绍了工厂信息。楼高五层，上三层用于络丝，下两层用于捻丝和并丝。一个直径23英尺（约7米）、厚6英尺（约1.8米）的气势磅礴的水轮为机器提供动力。丝织设备本身是圆形的，直径在12到15英尺（3.7～4.6米），高19英尺8英寸（6米）。加捻机上，四个圆形捻锭（即纺锤）一一摞起。来自水轮的动力通过传动装置传递到加捻机的垂直轴，垂直轴穿过各层捻锭，带动它们加捻。内框架转动，外框架静止。加捻过程为：将丝从旋转的线轴上展开，经导丝罗拉（辊）扭转、缠绕到第二组线轴上。所有机械部件均需以正确方式运转，这一机制实际上很复杂且笨拙。伦贝家族专利到期后，几家制造商开始联合改进原始设计。

德比丝绸厂通常被称为英国第一家纺织厂，但实际上，早在1702年，德比郡的德文特河畔就已经建造了一家丝绸加捻工厂。它有三层楼高，里面装有荷兰并丝机。这家工厂的建设，源于大律师托马斯·克罗切特的创意，实际工作则由工程师乔治·索罗科尔德负责。通常认为，这家工厂效率不高，机制相当简陋，但当伦贝家族建造工厂时，依然选择在克罗切特工厂旁边建址，并将它纳入了自家工厂的新系统中——据说，尽管旧机器不太完美，但一直使用到1802年。伦贝家族也十分想聘请索罗科尔德作自己家族企业的工程师。在上页图中，可以看到，伦贝工厂的宏伟建筑击败了不起眼的克罗切特工厂。但是，克罗切特工厂应该得到更多的荣誉，可以说，它早于伦贝工厂，赢得了英国第一家纺织厂的殊荣。然而，工厂并非决定丝织品的要素，丝绸面料的生产仍取决于个体织工，譬如斯皮塔佛德的织工。

早在18世纪，斯皮塔佛德织工曾试图禁止从法国进口丝绸，从而保护本土丝绸贸易，但随后，他们有了新的竞争对手。英国人最初前往远东地区，是希望加入利润丰厚的异国香料贸易，但他们随后发现，荷兰人先于他们到达了远东，并或多或少地垄断了香料行业的生意。由于无法在香料群岛站稳脚跟，他们转而前往印度。而后，四处寻找可以购买并运往英国获利的商品。他们发现印度人已经完善了一种印染彩色棉布料的方法，先在布料上添加一种易于染料染色的媒染剂，再创造出可以置于布料上的图案，未扎起来的布料暴露在外，就可以染上染料。后来，印度人还使用雕刻的木块印染布料，开发木刻印染技艺。木刻工人甚至不需要在车间工作，他们只是在制造布料的地方，用木块和雕刻工具雕出所需要的图案。至今，工匠们仍在这样做，他们单凭肉眼就能快速雕刻出图案，令人十分惊叹。在我观看的木刻中，

| 德比丝绸厂　摄于 1910 年火灾损毁前。

非常流行雕刻"生命之树"。被印染出彩色图案的布被印度语称为"染花布"（chint），后来这个词被英语化为"印度擦光棉布"（chintz）。由于大部分布料是从卡利卡特港口运出的，因此许多这种布料都被命名为"卡利卡布"。尽管拼写几经变化，所言之物都是这种印度木刻印染布料。

起初，人们用这种新布料制作被子和床单；但到了18世纪初期，这种轻盈、色彩丰富且比丝绸价格实惠的布料，为英国纺织业带来了重大变革。市面流行使用印度染花布制作连衣裙，这让丝绸织工相当沮丧。他们获取了丹尼尔·笛福（Daniel Defoe）的支持。笛福现在主要以《鲁滨逊漂流记》这部小说闻名于世，但在当时，他是一位备受尊敬的政治评论员。1719年，他写了许多小册子，抨击人们追求棉布的品味。以下摘录一段他的典型评论：

> 人们对东印度商品的幻想竟然达到了如此地步！印花染花布以前只用来做地毯、被子等，或者给孩子和普通人制衣服；而现在，却开始织制我们女士的服饰，当我们看到，英国上流人士穿着印度地毯时，这就是一种时尚的力量。而早在几年前，即使是他们的女仆穿这样的服装，都显得过于普通。

当时甚至还流行在宽边宣传单上印制民谣。例如，这首名为《斯皮塔佛德民谣》或《织工对染花布女士的抱怨》的民谣，都在谴责这种新时尚。它相当长，但有几小节很有味道。开篇是一段回忆过去美好时光的诗句，接下来这样写道：

> 但是现在，我们
> 将泡沫和渣滓带回家，

将女士们装扮成同性恋和小丑。

一件斑纹长袍，

塑造出一位卡利卡女士。

啊！多么俗气的染花布女士！

可曾有过这样的傻瓜，

前来鄙视规则。

为了国家共同进步，

绑起穷人的手，

寻找异国他乡，

这可笑的时装，

这可笑的时装！

　　笛福的讽刺评论和民谣几乎都未取得任何效果，1719 年，斯皮塔佛德织工采取行动。当年 6 月 13 日，约 4000 名织工走上街头，用墨水泼洒穿着染花布的女性，更有极端者泼硝酸腐蚀这些衣料。伦敦市长召集军队平息暴乱，掷弹骑兵捕获两人并押送至马夏尔西监狱。但是，部队一撤离，骚乱就再次爆发了。军队不得已再次回来，逮捕了更多织工。接着，一群织工冲上前，试图解救同伙，先被士兵发射的空弹击退，发现是空弹后再次冲击士兵。而后，一名卫兵使用了子弹，造成三名织工受伤，其余人终于散去了。接下来的几天里，六名织工遭到审判，并处以重罪，送往纽盖特监狱。审判中，至少一名女性出庭谴责织工的暴乱行为："一群大胆的流氓上街袭击我们，撕掉我们背部的衣物，侮辱我们、追赶我们，不让我们穿丝绸以外的服饰。这是一个自由的国度中应有的行为吗？"

　　事实上，对丝绸行业来说，染花布织品的涌入只是虚惊一场，因为丝绸业正在蓬勃发展。1721 年，官方将丝绸业定义为

印度染花布裙

展于比利时安特卫普时尚博物馆。

18 世纪，印度染花布在英国挑战丝绸权威地位。

"王国制造业最重要的分支之一"。政府对丝绸业的发展提供了积极有效的帮助，为他们减免了部分进口原材料的关税。同时，政府还对进口的丝绸面料和丝织品征收高额关税。但是，高额关税也阻止不了这些材料以非法的形式进入英国，丝绸走私成为一项利润丰厚的业务。而且，政府的举措并不能满足织工的需求，他们发现：法国丝绸的销量高于本土丝织品销量。同时，英国织工所面临的贫困问题也越来越严重。此外，还有一个问题也困扰着他们。许多工作都需要使用束综提花机织制精美的图案。调定一台提花机约需三周时间，在此期间，他们要付钱给一个闲置的手工提花员，却赚不到任何钱。更糟糕的是，用提花机精心织制的面料，一次只能织出很短的一截，通常只够制作四件礼服。就像现在一样，当时的女士花很多钱购买一块精致的面料来做衣服，是不希望看到其他几十位女士跟她穿相同图案服饰的。到了18世纪60年代，由于工资低且走私猖獗，丝绸织工普遍处于绝望状态，英国国内闲置了7000余台织机。织工们聚在一起，商定出一本价格手册，列出了不同类型织制材料在他们心中的合理价位，并赠送给业主。但由于所列价格略高于市场上人们支付给丝绸技师的价格，买主们拒绝了他们。这标志着一段漫长的暴力时期的开端，在接下来的几年里，形势更加严峻。

1763年，织工得不到任何救济，工资也没有上涨，便开始攻击那些他们所认定的特别苛刻的丝绸技师。1763年11月发行的《绅士》杂志中，描述了这样一起事件：一群织工"暴力闯入一位丝绸技师的家，毁坏他的织机，并将大量丝织品剪成碎片。而后，他们把一个雕像放上推车，用缰绳套住雕像脖子，上街游行后，他们又把它挂上绞刑架，再烧成灰烬。"

1764年1月初，贸易萧条加剧，织工向议会请愿，要求对进口丝绸征收双重税。虽然议会拒绝了这一提议，但减少了织工进口丝线的税额，并禁止进口丝袜、丝带和丝织手套。政府还建立了一个基金，以减轻织工的贫困问题，纺织商人也承诺减少进口丝绸的库存。这些举措只是短暂地平息了暴力事件，却没有起到实质性作用。很快，织工再次提出停止进口丝织品的要求。1765年5月，他们的提议再遭拒绝，反对修改法律的领导人之一，是贝德福德公爵。他与东印度公司联系紧密，进口印度染花布让他获得可观的收入，因此，他要维护自身利益。织工群体聚集在议会外，大肆议论上议院，他们很快被军队驱散了，于是这群愤怒的暴徒前往布鲁姆斯伯里区贝德福德公爵的家。公爵预料到即将发生的暴行，召集了军队，军队及时骑马赶到公爵的家，阻止织工冲进房子。

斯皮塔佛德和周围的纺织区的织工，愤怒情绪日益高涨，政府对此十分震惊，并派军队长期驻扎在这些地区。驻军无法缓解苦难家庭中的绝望气氛，政府只好采取愈加严厉的措施，保护丝绸技师的利益。1765年，事件发展到致命的高潮。当年，通过一项法律，宣布：闯入房屋、剪断丝绸或损坏织机，是可判处死刑的重罪。作为回应，织工成立了秘密社团。早期的勒德分子，曾试图威胁、破坏诺丁汉郡用于编织长袜的机器，令丝绸技师同意遵循当地法律，停止雇佣操作新机器学徒，而继续雇佣熟练织工。他们希望通过此举伸张正义，获得自身权利。此时的织工与当年的勒德分子十分类似。他们试图确保所有织工都能得到合理的报酬，并要求丝绸技师资助他们。然而，他们却用破坏机器、切割丝绸面料的手段实施威胁，逼迫丝绸技师满足他们的需求。

织工如此激进，丝绸技师们不得已只能起诉他们。然而，起诉案通常都以失败告终，主要因为证人们都害怕遭到报复，不敢出庭。刘易斯·肖维在斯皮塔佛德拥有一家工厂，他强烈反对提高织工工资的这一想法。因此，他悬赏500英镑，奖励准备出庭作证、对抗织工的人。一位丝绸技师及其妻子因为这笔钱挺身而出，指证约翰·维勒斯和约翰·道尔是织工秘密组织的头目。

这两人被捕、受审，不可避免地被判有罪并被处死。通常情况下，都在泰伯恩刑场（Tyburn）公开处决罪犯，但这一次，政府决定引发更多关注，在丝绸织造区中心的贝斯诺格林区（Bethnal Green）对这两人处以绞刑。这一事件引起了织工的愤怒，肩负竖起绞刑架责任的男子被人群扔石头并辱骂。行刑当天，由于害怕人群阻碍刑罚的顺利进行，秘密地对这两人处以绞刑。他们的尸体被悬吊了几个小时，才被亲属认领回去。

而后，另一位丝绸技师丹尼尔·克拉克站了出来，也提出两个名字。几周以前，有人闯入了他的房子，当时，他非常明确地说不知道入侵者是谁，但现在却说他们是约翰·威廉·伊士曼和威廉·哈菲尔德。这种"记忆突然恢复"，是因为他冒着暴民被激怒的风险，终于勇敢地决定说出真相，还是因为肖维的金钱力量，我们不得而知，但斯皮塔佛德的大多数居民却已有定论。两名被告也被绞死——这次是在泰伯恩刑场；至少可以说，政府吸取了前面的教训。如果说克拉克为钱作证，他也没能享受多久。不久后，他在街上被人发现并追捕，这群暴徒主要由妇女和儿童组成。他们抓住了克拉克，把他扔进一个砾石坑，并向他投掷石块。他从坑中爬了出来，但很快就倒下、死了。政府再次迅速采取行动。我们不知道他们是如何决定应该从那一大群人中起诉谁的，但他们选中了两个人：亨利·斯特劳德和伊士曼的姐夫罗伯特·坎贝尔。政府指控他们犯了谋杀罪并绞死了他们。那个绝望的时期，政府的残暴行动对平息事态毫无帮助。

随着 1773 年第一部《斯皮塔佛德法案》的通过，社会终于恢复了正常秩序。该法案通过丝绸熟练工和技师之间的协议，确定了不同类别丝绸的价格。随后又通过了一系列类似的法案，稳定了丝绸技师和普通织工的关系，却损害了行业发展的长远利益。如果某一类纺织品的价格是固定的，那么该产业的丝绸技师就没有动力去创新、发展更先进的方法，因为他所做的任何努力，都不会对价格产生影响。但在斯皮塔佛德以外，英国其他地区的纺织业正在迅速变化，《斯皮塔佛德法案》仅在当地适用。

1733 年，伯里市的约翰·凯伊（John Kay）发明了飞梭，提高了织机工作效率。以前，需用手将梭子从织机的一侧传递到另一侧，在这种情况下，纺织绒面呢需要两个织工。在新机器中，两个皮革驱动器或金属杆上的拾取器取代了织工的双手。在轮子上装上飞梭，从织布机的一侧射向另一侧。织工要做的就是猛拉一根系在拾取器上的绳子。显然，这项发明提高了效率，但随着时间推移，纺织速度虽然提高了，丝线却无法及时得到供应。对于蓬勃发展的棉纺织业来说尤为如此。如何处理原材料的供应问题呢？答案是，将梳理和纺纱的早期生产阶段从织工家里转移到工厂。1771 年，理查德·阿克莱特（Richard Arkwright）在德比郡的克罗姆福德峡谷成功建造了第一座水力棉纺厂。尽管兰开夏郡辖区内的纺纱人员强烈反对，烧毁了辖区内第一座阿克莱特纺纱厂，但这种水力棉纺厂的数量还在激增，家庭手工纺纱和梳理的时代已被终结。珍妮纺纱机等新机器逐渐被发明出来，稳步提高了生产效率。到 18 世纪末，英国北部的纺织厂中，蒸汽已取代水力，成为新的动力源。英国还引进了动力织机，前文中已描述了这项重大变革。

这些技术变革并未直接影响到斯皮塔佛德的丝绸织工。动力织机的动作太猛烈了，不适用于纤细的丝线。但从长远来看，纺织业在英国北部的发展，也将对丝绸业产生巨大的影响。丝绸织工不是为大众市场服务的。乔治王时代的英格兰地区，时尚正在发生变化，新兴的、宽松的新古典主义的服饰占据了主导地位。人们不再喜爱厚重的锦缎和丝绒，转而选择轻盈、色彩缤纷的面料。这一时期的时尚中，布料以棉麻取代丝绸，北方棉纺织工业的生产成本远低于伦敦手摇织机织工的生产成本。丝绸织工本可以继续提供最独特的面料，但两项立法完全改变了经济格局。

1824 年，根据自由贸易立法，废除了《斯皮塔佛德法案》，之前的定价协议得以终止。次年，进口法国丝绸的禁令被解除，市场上立刻充斥着各种有吸引力的新型、精美的丝绸面料。该项立法是一个分水岭，标志着斯皮塔佛德丝织业终结的开始，但这并不标志着整个国家丝绸业的终结。在《斯皮塔佛德法案》不适用的地方，创新和变革从未停止。

第八章

伦敦以外的丝绸工业

　　各种暴乱事件的阴霾笼罩着伦敦，此外，还有许多原因致使丝绸技师们想要离开伦敦。一些人单纯因为不想受到《斯皮塔佛德法案》的限制，获取一个按照自己的方式扩展业务的机会。自中世纪以来，萨福克郡一直是生产羊毛织品的重要地区，但引入水力机械后，英格兰北部地区的纺织业占据了压倒性的优势，因为北部地区拥有丰富的小溪与河流，可以为纺织业提供动力。18世纪末，丝绸行业进入了不可挽回的衰退期，但行业内仍拥有大量熟练的织工。萨德伯里当选丝绸工业发展重镇；它的优势之一是，它位于斯陶尔河畔，是斯陶尔航运（Stour Navigation）的起点，这使它成为进口原料和出口成品的理想选择。范纳兄弟（the Vanner brothers）是胡格诺派教徒，18世纪后期，他们从伦敦移居至萨德伯里，他们的后裔今天仍然在这里生活。起初，他们使用提花织机，但到了1900年，他们在萨德伯里办了一家新工厂，在工厂内安装了动力织机，继续织造丝绸，并拥有自己的染整部门。其他伦敦织工紧随其后。1844年，这个小镇约有600台织机。伦敦的织工移民仍在蜂拥而至。

　　本杰明·沃尔特斯是伦敦主祷文街区的一名织工，1720年，其子约瑟夫开始跟随他做生意。约瑟夫的儿子（约瑟夫·沃尔特斯二世）也将成为一名织工，但约瑟夫并没有亲自教导他，而是将他送去作约翰·杜布瓦的学徒。看来，即使在18世纪初，胡格诺派仍然享有伦敦最优秀织工的美誉。约瑟夫与其兄弟乔治在斯皮塔佛德的威尔克斯街上，建立了家族企业。这个家族企业不断发展，最终，威尔克斯街的房子容纳不了了，他们便在伦敦建立了第一家丝织厂。尽管他们的工厂中仍然使用手工织机，但这也很可能是伦敦的第一家丝织厂。多年来，他们逐渐远离伦敦，在凯特林建立了一家工厂，成为使用动力织机的先驱之一。1860

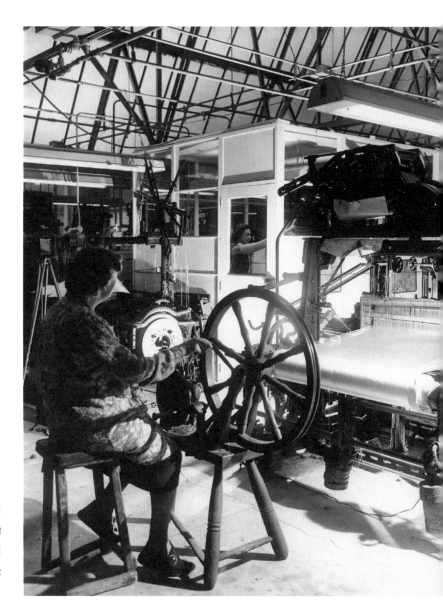

沃尔特斯工厂
格文·柯蒂斯使用一台 50 年高龄的织机，为伊丽莎白二世织制加冕礼长袍的丝绸衬里。

年，他们又在萨德伯里建立了一家工厂，这家企业至今仍位于萨德伯里，名为"斯蒂芬·沃尔特斯"。他们声名显赫，受到许多高声望人士的委托，曾织制安妮公主和戴安娜王妃的婚纱面料。显然，因为他们与胡格诺教派联系紧密，得以从约瑟夫二世那里受益。如果约瑟夫·沃尔特斯的老师有机会参观这个家族的现代化工厂，看到由计算机控制的高速剑杆织机，一定会感到十分惊讶。

萨德伯里至今仍是英国丝织品重镇，在小镇的街道上，还能轻易辨出丝织工厂宽大的窗户，让人们依稀想起旧日里手摇织机喳喳作响的时光。在克罗斯街上有一排织工的房子，一楼是生活区，楼上是光线充足的车间，再往上是织工的卧室。萨德伯里并不是 18 世纪早期唯一的丝绸产地。汉普郡一家著名的丝绸织造厂就曾经历过几位不同的主人，也曾短暂地属于斯蒂芬·沃尔特斯公司。1813 年，海特家族开始在汉普郡的惠特彻奇建造水力丝

沃尔特斯丝绸工厂的现代高速剑杆无梭织机。

绸厂，工厂的土地原属于温彻斯特大教堂主任牧师和所有教士。1817 年，海特家族破产了，丝绸商人威廉·麦迪克接手了这家工厂。麦迪克着手对其改进，在工厂中增加了一个中间楼层，并建了一个水车用的储水池。当时，织工在主厂房里处理丝线，进行织制前的准备工艺，主厂房两侧是单层的丝绸织造车间。这个工厂的历史有点曲折，几经易手。1845 年被查佩尔家族接管，但阿德莱德·查佩尔的丈夫去世时，她很难再维持生意，因此将北边的那间织造车间改成了四间小屋并出售出去。1886 年，她再也无力处理工厂事宜，这家工厂再次易主，当地布商为其子詹姆斯·海德购买了它。这一次，工厂转型获得了长期稳定而繁荣的发展。它主要为博柏利（Burberry）风衣织造彩色的丝绸衬里。

詹姆斯·海德再次改进了工厂，安装了当下最先进的水车，水车上装有离心调速器，可以控制流向车轮的水流速度。这一装置经常出现在蒸汽机上。蒸汽机的中央主轴上连接着一对重金属球，水的流速增加时，车轮也跟着加速，主轴也会随之加速，因此，球在离心力的作用下进一步分开。适用于水车的离心调速器，是在水流和车轮间置一块挡板，通过升降挡板控制水流速度。这时，工厂又在为谋生而苦苦挣扎。1956 年，斯蒂芬·沃尔特斯公司介入工厂管理，试图让这个古老的工厂继续运转下去。此后，它又经历了一任工厂主，日渐式微，最终在 1985 年被汉普郡建筑保护信托机构（Hampshire Building Preservation Trust）接管，而后恢复成为工业博物馆并运营至今。

丝绸织造厂博物馆的这座主厂房也提醒着我们，我们现在所称的英国工业革命时期，同时也是乔治王时代，当时以建筑的优雅、古典、简约而著称。如果不是因为房顶上的小钟楼，惠特彻奇丝绸织造厂很容易被误认为是一座相当宏伟的乡间别墅。这个钟楼上的钟表是为了庆祝英军在滑铁卢战役中取胜而安装的，从那以后一直在快乐地滴答作响。在主厂区的建筑内，一楼主要安

置传统的动力织机。但低矮的天花板限制了这座工厂的工业发展，让它无法安装高大的贾卡自动束综提花机。楼上的络丝机仍与水车配合着运转，整经工艺就是在这里进行的。它是英国最后一家仍在运营的丝织厂，仍使用水力带动织机设备，现今专业生产高品质的丝绸面料。这座丝织厂几经周折，辗转于多人之手的经历，使我们忆及当年丝绸织造业在英国发展的坎坷历程。能在汉普郡找到一家繁荣发展的丝绸厂，或许有点令人诧异，但丝绸工业从不局限于在一个地区发展。在英格兰西部的中心地带，虽然格洛斯特郡的诸多工厂以生产羊毛面料而闻名，但许多丝织厂也曾一度在此蓬勃发展。现在，布洛克利是科茨沃尔德地区公认

18世纪汉普郡惠特彻奇丝绸织造厂。

的古色古香的村庄，早在 18 世纪初期，这里有丝绸织造厂。此处的丝绸贸易直到 19 世纪 80 年代才完全消失，但它曾一度是捻丝工艺重镇，开办了许多丝绸加捻厂，主要为考文垂织制丝带的织工提供丝线。格洛斯特郡的许多其他纺织厂曾生产丝绸，这类工厂多由老旧的羊毛纺织厂改建而成。据推断，19 世纪下半叶，在以斯特劳德为中心的五个山谷中，约有 1000 名工人从事丝绸行业。格洛斯特郡的另一个丝绸重镇是专门生产丝袜的蒂克斯伯里（Tewkesbury）。许多现今已与丝绸行业毫不相关的郡，都曾是丝绸制造重要地区，每个地区都各有其特色。

考文垂是格洛斯特郡丝绸加捻厂的最大主顾之一，这里织造丝带的行业兴起于 18 世纪初。它遵循英国丝织行业的普遍模式，由丝绸技师们接活，再将这些丝绸原料分批派给拥有自己织机的外包织工们。今天在这座城市中，几乎看不到丝绸行业存在的痕迹了，但在鼎盛时期，考文垂几乎有一半人口都在从事丝织工作。实际上，当我在 20 世纪 70 年代沿着运河来到考文垂时，我对此处的丝绸贸易一无所知，但我还记得，当我们接近城市时，曾惊讶地发现，运河边的一排小屋，都有明显的大窗户。现在我已知晓，这些窗户可以证明，曾有织工在这些小屋里进行过手工丝织活动。

织造丝带似乎与许多其他丝绸行业的分支一样，都是由胡格诺派难民开创的。它的蓬勃发展，从一个制造商的故事便可窥见一斑。这名制造商名为托马斯·伯德，他于 1756 年去世。在他的讣告中写道：他每天都会雇用 2000 余名织工为自己织造丝带。这个数字看起来非常大，但实际上，此时所有的丝带都是在狭窄的织机上手工编织的，一次只能织出一根丝带。这项工作非常精细，只能用手指投梭。丝带上还可以添加串珠等许多装饰物。而引入宽织机后，虽可一次编织多条丝带，却无法再在上面添加装饰了，因此使用窄织机手工织成的丝带更显独特，如此一来，这

考文垂威尔金森（T. Wilkinson）生产丝带的织机（据推测）。

1910年，该织机与贾卡提花机联合作业，可同时织造四条丝带。

今展出于曼彻斯特科学和工业博物馆。

一工艺才能很好地延续到机械时代。织工们织一根丝带所得的报酬，是丝绸技师出售时所得货款的三分之一。

卡什（Cash）家族是著名的贵格会教徒，他们十分仁慈，对给工人发福利有异乎寻常的兴趣。1846年，约瑟夫·卡什（Joseph Cash）和他的两个儿子乔赛亚、约翰一起，开始织造丝带。当时，他们在赫特福德街设有办公室和仓库，在西果园村开设工厂，这家工厂的旧址上，现在坐落着一家购物中心。卡什家族为织工拨款，并在他们家的土地上为这些织工家庭建立托儿所。他们很清楚，手摇织机的时代即将结束，但他们并没有简单地追逐最后一波时代红利，仅仅建个丝织厂、雇用一些织工——他们建立了一个完善的丝织体系，这个体系介于家庭纺织和工厂之间，十分人性化。他们在1857年建造了卡什顶级工厂，由两排传统的二层住宅小楼组成，按照高标准建造，每座小楼都有自己的小花园。但在这两层住宅楼上，三层是丝织车间，有巨大的窗户。每个织工都可以从自己家中进入车间，卡什家族在车间安装了贾卡束综提花机，由庭院中的蒸汽机提供动力，并通过线轴和皮带驱动织机。织工还享有许多福利，包括食堂、疾病津贴和每年一次的海边旅行，一切费用皆由工厂支付。起初，一切都很顺利，但在1860年，英法之间通过了《自由贸易法案》，英国很快就充斥着廉价的法国丝带。这一法案为考文垂丝带纺织业敲响了丧钟，但卡什家族却适应了。他们开始转型，不再织造丝带，转而以织造商业铭牌和标签盈利。在20世纪上半叶，英国各地的母亲们都会拿几条丝织的胸牌，剪成几段，再缝到孩子们的校服上。卡什家族的丝织生意一直经营到1976年。顶层是纺织车间的小楼依然坐落在考文垂运河旁边，但已不再使用。

19世纪60年代的《自由贸易法案》，引起了英国丝绸行业的崩盘，导致织工大量失业。据推测，在短短两年内，约有9000人离开了考文垂，许多人都移居国外。托马斯·史蒂文像卡什家

族一样，开展了新业务，找到了解决问题的方法。他像考文垂的许多织工一样，从事织造朴素和精致丝带的工作，并在皇后街设有办公场所，但他也同样是一位创新者：他开始使用贾卡提花机织造彩色丝绸图案，再使用丝带织机重复图样。接下来，他并没有用这些设计好的图样制作丝带，却转而制作书签。1867 年，他为纪念考文垂市场大厅的开幕而制作的一个特殊书签，该书签长 13 英寸（约 33 厘米），共需使用 5500 张穿孔纹板。1862 年，他开始销售一系列书签，简单的书签每只仅售 6 便士，而供教堂使

卡什顶级工厂考文垂。

排屋的一层和二层为织工的家，顶层为丝织车间。

托马斯·史蒂文的丝织书签
1871 年。

用的大型精美圣经书签则每只售价 15 先令
（1 先令等于 12 便士）。他一直在寻找新的
商机，并设法从海军部谋求到一份合同，为
水手帽织造绶带，并在上面用金丝织出船
名。史蒂文的业务不断扩大，并在西果园建
造了新厂房；后来，两家工厂还不够用，他
又在考克斯街建立了第三家工厂。同时，他
的工厂中织制出的纹样被赋予了一个新的商
品名称（史蒂文纹样），并很快在世界各地
的贸易展览会上赢得了奖牌。他的工厂一
直由家族经营，但在第二次世界大战的空袭
中，他位于考克斯街的工厂和考文垂的其他
工厂一起被炸毁了。

　　进行专项贸易的小镇还有柴郡的麦克
尔斯菲尔德，早在 17 世纪中期，就以生产
华丽的纽扣闻名于世了。对于当时上流社
会的摩登男女来说，丝织纽扣是他们的必
备品。织工要在木制模具上手工刺绣纽扣。
这项工作主要由妇女和儿童完成。1698 年，
市政委员会发布了一项命令，要求穷困人
家必须学制纽扣。部分纽扣批发销售，其
余的则由小商小贩在全国各地售卖。许多小
商小贩都来自一个名为福莱士（Flash，意
为"闪光"）的定居点，该定居点由个人在
荒地上建立，因此他们被人称为"福莱士
人/闪光人"。土耳其等国进口丝绸的成本
远超毛织品出口到这些国家所获的利润。手
工制作的丝绸纽扣整体价格昂贵，但似乎可

以制作一些较为廉价且花哨的纽扣，因为这样的纽扣是有现成的市场的。英国政府发现，丝绸进口额下降、出口额增长，因此他们在 1709 年颁布了一项法律，"禁止制造或销售由粗毛呢或其他材料制成的纽扣"。一旦发现有人这样做，每制造或销售一枚纽扣就罚款 5 英镑。该法案很难执行，至少根据乔恩·艾特肯（Jon Aitken）1795 年出版的《描述曼彻斯特周围 30 到 40 英里的乡村之景》一书中的说法，这项法案简直就是自欺欺人。"政府在伦敦和全国雇佣情报人员——这种强制制造的方式极其可恶、非商业化！结果只能是促使人们使用金属和角质纽扣。"

麦克尔斯菲尔德有那么多人都在从事丝绸工作，伦贝的丝绸

18 世纪木制模具上的英国丝织纽扣

工厂成功开办后，这些人都不可避免地想要效仿他。18 世纪 40 年代，查尔斯·洛伊的第一个小型工厂在公园绿林（Park Green）建造起来，不久后，其他人也纷纷效仿。对洛伊来说，资助这个新行业的发展不是问题，他很快对铜矿的开采和冶炼产生了兴趣，并且收获颇丰。他的代理人有一个惊人的发现：在安格尔西岛上，有一座不起眼的小山被称为帕里斯山，实际上是英国有史以来发现的铜矿石最丰富的产地之一。它的开采非常成功，使得康沃尔郡和德文郡的传统铜矿一度濒临破产。麦克尔斯菲尔德也一度成为英国最重要的丝绸制造产地之一。1921 年，当弗兰克·华纳爵士（Sir Frank Warner）书写丝绸行业的历史时，这里的丝绸产业仍在蓬勃发展。现在，麦克尔斯菲尔德的工厂已全部关闭，丝绸退出了这个小镇的舞台，但这里仍矗立着两座精美绝伦的丝绸工业博物馆，用以展示丝绸设备和丝织品。

英国大部分地区，都有不同规模的丝绸产区，有一个地方十分值得一提，因为一种经久不衰、极受欢迎的纹样是以它命名的。这座城市就是佩斯利。1760 年前后，汉弗莱·富尔顿开始织造佩斯利花纹。他的职业生涯始于包装工人，而后又做过旅行推销员、亚麻布织造工，最后模仿他在斯皮塔佛德做包装工人时所见到的丝绸织工，开始织制丝绸薄纱。他生意兴隆，很快，佩斯利的 400 ~ 600 台织机都开始为他工作。他的事迹很快引来了伦敦等地公司的注意，苏格兰地区的廉价劳动力深深吸引着他们，纷纷在此建厂。后来，织造商们纷纷转向生产平纹细布，这种面料也曾引起过丹尼尔·笛福的注意，他在 1724 年至 1726 年的《不列颠岛旅游记》中这样写道：

这里还织造平纹细布，它也许是英国乃至欧洲唯一的织造这类商品的地方了。它们质地精良、样式精美，大量销往英格兰地区，常常售以高价。它们通常印

有彩色条纹，多被女士们用作围裙或被制成女士头巾，
也有许多被送到了英国种植园。

　　据报道，1781 年时，佩斯利已有 4800 台丝绸织机。因为本
土引入了生产廉价棉纱的工厂，佩斯利织工也像其他地区的织工
一样，受到严重打击，也打算织造更便宜的布料。织出精美的平
纹细布后，佩斯利织工又开始考虑制作带有东方图案的披肩。这
种华丽泪珠形状的特殊纹样起源于公元 3 世纪的波斯，代表柏

树，这是琐罗亚斯德教中永恒生命的象征。亚洲和中东地区广泛使用这一纹样。克什米尔用当地山羊的细毛织成这种纹样，路易十四时期，印着这种纹样的克什米尔山羊绒传入了法国，被法国人称为克什米尔山羊绒 "cachemire"，后来在英国被称作山羊绒 "cashmere"。纪尧姆·路易·特尔诺决定以这种面料和花纹织制披肩，并派人前往克什米尔购买山羊。开始购买的 1500 只山羊，只有 256 只活到法国，但这 256 只足以让特尔诺开始他的事业了。很快，人们也开始用丝绸等材料织制披肩。时尚的热潮涌遍整个海峡，他们开始用佩斯利花纹织制披肩了。事实证明，这项贸易获利颇丰，1834 年时已达 100 万英镑。佩里斯的织工坚持使用最初的纹样设计，因此，这个纹样与佩斯利小镇紧密地联系起来；很快，当人们一提到佩斯利，就会想到这个纹样，直至现在仍然如此。但贸易的涨跌往往十分迅速。1838 年，一位匿名人士在当年的议会调查中发表了他对丝绸织工所处困境的看法：

> 在织机边长大的孩子们啊，
> 你们的命途是如此多舛；
> 在悲伤的摇篮中、在无趣的辛劳里成长；
> 在沉闷的商业阴霾里跌跌撞撞，
> 不为希望所鼓舞，
> 你们被痛苦深深笼罩。

然而，每当发现一种新方法时，整个丝绸行业都会被推动着快速前进。

第九章

废　丝

"废丝"一词颇具误导性，暗示这种材料已毫无价值。但我们多以此词指代所有不适合进行缫丝工艺的丝。很多原因都能产生废丝：飞蛾破茧而出留下蛾口茧；蚕吐出的丝粗细参差不齐，外面太粗、里面太细，造成瑕茧、坏茧；或生丝在重新缫丝的过程中断裂，即贸易中所言的"胶质废丝"，因为这种废丝中还未完全脱去将茧中所有物质粘在一起的丝胶。如第一章所述，即使在早期的丝绸制造中，也会使用废丝填充衣物。

中国最早织制丝织品时，一定像后来欧洲织丝时一样，产生了大量废丝。然而，很少有证据表明中国古人是如何使用它们的。有资料表明，英国曾进口中国废丝，用它来作填料，在工厂织制士兵的床上用品。最早的参考文献来自让－巴蒂斯特·杜赫德（Jean-Baptiste du Halde）1736 年出版的《中华帝国全志》："中国人……用废弃的丝绸织造了一种仿制品，若没有使用正确的检查方法，可能很容易认为它是正品。"由于杜赫德本人从未到访过中国，而是根据耶稣会传教士发回的报告撰写成书，因此这一说法并未引起欧洲人的重视。此后也有文献表明，梳绵可"为农民织造耐用的服饰"。几个世纪前，就有亚洲纺出的短纤维丝绸的记录可考了。印度织造蓖麻蚕丝的工艺有着悠久的历史。他们不饲养桑蚕来吐丝结茧丝，而是饲养蓖麻蚕，这种蚕因进食蓖麻叶而得名。由于生产的丝绸纤维具有短而粗的特点，因此必须像处理棉花一样梳绵和纺纱——加工废丝也许使用这套梳绵和纺纱的工艺。1900 年，A·优素福·阿里（A. Yusuf Ali）出版了一本书，详细描述了蓖麻蚕丝的织造流程，而后写道：

> 桑蚕丝多有光泽，可进行缫丝，缫丝后，会剩余少量不能缫丝的绒毛纤维，人们称之为滞头。将其混合豌豆粉并煮沸，保持在潮湿、温暖的状态下进行水解，从而溶解丝胶，使处理过的丝变得柔软而有韧性。干燥后，用处理蓖麻蚕丝的方式对桑蚕废丝纺纱、加捻。

众所周知，几个世纪以来，印度人一直使用蓖麻蚕丝进行织造，因此我们可以合理假设，他们处理废丝的技术得以普及，废丝的梳绵和纺纱工艺在亚洲也同样具有悠久的历史。只是我们并不了解其到底有多悠久。

起初，在欧洲人看来，废丝几乎没有价值，只将它们当作进口的小碎片或屑丝。1593 年的一份官方文件显示，长丝的价值约为丝绸小碎片的十倍。因为不能对这些屑丝进行缫丝，所以必须像处理羊毛和棉花一样进行梳绵和纺纱。英文中"梳理"（carding）这个名字，来源于它的工艺最早的形式。当时的梳丝工艺，需使用一对镶嵌有金属丝的板子（card），将它们握在手中，首先将纤维铺设在一块板上，再用另一块拉过纤维。这样可以解开并拉直一团团纤维碎片。18 世纪时，机械板取代了手工梳理板，在圆筒上镶满金属丝，最初由水驱动，后来改由蒸汽驱动。以这种方式处理出的优质短纤维被称为铀丝。在法国和意大利皮埃蒙特，还要梳理生丝。对脆弱或粗糙的劣质丝绸梳绵纺纱，得到所谓的"弗罗雷塔生丝"，1728 年，伊弗雷姆·钱伯斯（Ephraim Chambers）在《钱伯斯百科全书》中，将这种弗罗雷

塔生丝描述为"可以忍受的丝"。钱伯斯接着描述了处理瑕茧的方法。

印度农场中的蓖麻蚕蚕蛾。

　　用剪刀剪开蚕茧，取出成虫（可作为家禽饲料），将蚕丝在槽中浸泡三四天，每天换水，以防发臭。蚕虫把茧的最里层铺上一层胶质物质（丝胶），可以使茧不透水。而用水浸泡蚕丝后，可完全软化蚕丝并溶解掉那些丝胶。之后再将蚕丝放在草木灰溶液中煮半小时，可得到非常干净且过滤良好的蚕丝。再去河里把它们洗干净，于阳光下晒干，然后使用圆轮梳理、纺纱，最终得到另一种弗洛雷塔生丝，只比精良丝线略逊一筹。

弗罗雷塔生丝（Floretta）是法语词"花"（fleuret）和英语词"绢丝"（floret）的变体，在丝绸领域使用这个词时，通常取其法语含义。将瑕茧煮沸、干燥并捶打，早期时，会将捶打后的蚕茧套在一根拉线棒上均匀拉开，两侧的纤维拉到手臂的长度。然后对纤维进行梳绵和纺纱。多年来，弗罗雷塔生丝的英文称呼"floret"一词，衍生出了不那么浪漫的"牙线"和"绣花丝线"的含义。生产出来的丝线很少用来做布，一般都是缠绕在线轴上售卖，非常适合用于刺绣。早在 16 世纪，法国就在制造这样的绣花丝线了。

其实很容易理解，为何人们会对利用废丝表现出极大兴趣。在破茧、缫丝、并丝等丝线加工工序中，产出的废丝通常都比精良丝线要多得多。发明家们很快开始发挥他们的聪明才智，寻找使用废丝的新方法，或是改进老方法。1671 年，伦敦的埃德蒙·布拉德（Edmond Blood）为他的发明申请了专利，这也是世界上最早的处理废丝的专利之一。但他没有描述此项发明的细节信息：

> 这是一种新的生产方式，将废丝处理成大量长绒丝，可用于织制服装。迄今为止，我们几乎都没有用过废丝。在这种处理流程中，再使用特泽尔（Tezell）、不固定卡片（Rowing Cards）织成粗毛（Shagg），形似英式贝叶斯长绒（Bayes）、粗棉（Rowed Fustians）或迪马提斯（Dimatyes）等面料，在我们英国，以前从未织制过这种纺织品。

先不提他使用的这些古老的拼写方式,即使他没有清晰表述出织造过程,我们可能从他的描述中清楚地知晓织造出的材料质地。羊毛工业中,经常使用起绒草的头部(Teasel Heads)提高布料绒毛量,无论是手工梳绵还是在工厂中使用设备,都会用到它们。在工厂中,将植物头固定在滚筒边缘的金属棒上,再让布料从其上划过,制出绒毛。这种设备即为特泽尔(Tezell),由水轮驱动,现存的特泽尔极为稀少,可在内尔斯沃思的敦刻尔克工厂中见到,因为敦刻尔克工厂定期向公众展示这一设备。不固定卡片(Rowing Cards)的工作原理与起绒草相同。粗毛(Shagg)是一种表面粗糙的材料,粗绒地毯上多印有这一词。贝叶斯长绒(Bayes)是一种厚毛呢。布拉德曾表示,他的丝绸粗毛可以单独使用,也可以与亚麻混合使用。他似乎认为他所研发出的设备价值不高,因为他仅要求使用者每年支付 6 先令 8 便士的租金,按今天的价格计算,为 100 余英镑。

18 世纪还涌现出更多处理废丝的专利,以动力织机闻名于世的埃德蒙·卡特莱特博士,也发明了处理废丝的精梳机并申请了专利。然而,他的精梳机似乎并未投产。在兰开夏郡的棉花工业中心霍尔科姆,制造商托马斯·伍德(Thomas Wood),也为自己的废丝梳棉机申请了专利,尽管他的发明一直流于纸面,从未变成现实。因此,直到 18 世纪末,废丝的利用仍然微不足道。

人们无法真正利用废丝的原因是,其处理方法限制颇多。首先使用开棉机开松废丝,解开最糟糕的、打结的纤维团并修整好,然后使用切棉机将纤维切至约两英寸长。由于丝绸的一大优点是具有长纤维,因此将其剪断似乎有些不合常理,但原因也不难理解。其余的加工过程与亚麻和棉花等其他纤维类似。首先使用亚麻工艺中疏松除杂,使用一种名为"刀"的木制装置,从纤维中去除松散的、不需要的材料,再梳绵、纺纱。19 世纪初,纺纱大多使用骡机。这是一种走锭精纺机,最初是为棉花工业研制

19世纪走锭精纺机（骡机）版画
该机器的显著特点是，需由小男孩在机器上爬行着工作。

的。简而言之，骡机是一个固定装置，上面安装有一排线轴，线轴上是未纺的、缠绕松散的棉花。一头在线轴上，另一头在轮式锭子（纺锤）上，锭子处于支架上。锭子驶离主框架，就会将线轴上的棉花拉出，纺纱过程开始了；锭子到达终点时，转动加捻，而后返回，返回时，锭子上缠绕着加捻的纱线，一轮完整的纺纱程序结束了。另一种纺纱设备是由理查德·阿克莱特发明的，根据第一架面世的棉纺机改进而来，被称为水力纺纱机，因为它由水轮驱动。在最早的棉纺机中，辊（罗拉）以不同速度移动，丝线通过这样的辊后可以被牵拉开来。然后将纺好的纱喂入旋转的锭翼来加捻并卷绕。阿克莱特改进的这款棉纺机，与早期的原理基本相同，但使用蒸汽动力驱动。由于这台机器原本就是为了纺短纤维的棉而设计的，因此，需要将废丝纤维切至类似长度，以供骡机或棉纺机纺纱。但约翰·吉布森和约翰·戈登·坎贝尔这两位格拉斯哥人可不这么认为。1836年，他们自称研发出了一套织造丝绸的流程，这套流程使用了新工艺，或是对前人的工艺做出了改进；为此，他们申请了专利。

吉布森和坎贝尔于 1836 年申请的专利中包含八种不同丝织工艺，最重要的是改进了水力纺纱机，可以纺制未经切割的长纤维，并可以是蚕丝与羊毛或亚麻混纺。在他们的描述中，这种工艺"与亚麻纺纱机工艺相同"。他们取得了专利，并将这种工艺纺出的纱线称为"专利长纺纱"。专利一获批准，就开始出现投诉，这些人的质疑理由是，纺长纤维废丝工艺早已出现了，吉布森和坎贝尔的工艺并非是最早的。布兰德就此对他们二人提起诉讼，声称早在 1836 年之前，他就购买了废丝，并将未切割长纤维废丝喂入亚麻纺纱机进行纺纱。最终，民事诉讼法院认为，因为早期的纺丝工艺都是保密的，吉布森和坎贝尔的专利仍然有效；但布兰德提供了充分的证据，表明纺制未切割的纤维是一种常见做法，"本专利没有达到完美状态"。法院判决，专利的某些部分保持不变，在措辞中，不能将其描述为"新工艺，或是对前人的工艺做出了改进"，而只能简单描述为"它改进了前人的工艺"。

一直以来，丝绸纺纱机似乎也极具争议。到 19 世纪末，塞缪尔·坎利夫·李斯特（Samuel Cunliffe Lister）开始生产从印度进口的废丝。他因从印度进口废丝并使用长纤维纺纱工艺，被英国皇家艺术学会（Royal Society of Arts）授予阿尔伯特奖章。这导致他受到丝绸俱乐部的质疑，该俱乐部将署名信公开发表在当地报纸上，信中指出，在李斯特之前，已有人进口印度废丝并加以利用。1887 年 3 月，李斯特给丝绸俱乐部写了回信，他的信中含有大量引人入胜的信息。首先，他同意丝绸俱乐部的观点，即早在他开始做生意之前，就已经有人纺出废丝；他的获奖原因，并非他自己提出的，而是皇家艺术学会在他卧病在床时提出的。但他指出，正是由于改进了机器，使用印度废料进行纺纱才有利可图。他的回信是这样的：

　　我清楚地记得，我是在利兹的霍尔福斯工厂第一次看到这种东西的——我想那是在 1846 年。当时，霍尔福斯（Holdforth）先生在羊毛梳理方面声名狼藉，他让我过去看看他的蚕丝梳理机，如果可以的话，我会把它改进一下。我当时、并且直到现在仍然认为，霍尔福斯先生的梳理机是最简陋、最粗糙的机器之一，在我看来，很难改进它。第一次仔细检查这台设备时，我不知道自己究竟要付出多少年的辛劳、解决多少麻烦；想要改进它，我不知要付出多么巨大的代价。时至今日，我仍然无法确定我是否已然成功；四十年过去了，无论如何，我都可以说，据我所知，我已经发明出第一台自动梳理机并获得了专利，当然，对于后来者而言，它还有很大的改进余地。

　　李斯特还在信中提到了一项发明：交叉式针梳机。这种机器由他的搭档沃伯顿（Warburton）先生发明，有两套"牙齿"叠摞起来，通过针齿可以牵拉丝线，进行梳丝。他描述了自己开始使用印度废丝的经过。一位名叫斯宾斯利的废丝商人曾向李斯特展示过废丝，在斯宾斯利眼中，这种东西一无是处："他笑着说，他曾试图用废丝当肥料，但它不会腐烂。"李斯特买了几包，但他一成功研制出自动梳理机，就立刻买了几千包。开始处理废丝时，李斯特还购买了一台用于织绒的织机，这种织机可同时织造两层织物。1871 年，李斯特早期的工厂被一场大火毁于一旦，他又在布拉德福德的曼宁厄姆区建了一座新工厂，这座工厂标志着他的事业大获成功。它是全英国最大的丝绸厂，占地约 27 英亩（约 11 公顷），由蒸汽动力驱动。工厂的烟囱高达 249 英尺（约 76 米），至今仍为整个曼宁厄姆区提供电力，供电的 32 台锅炉每周消耗 1 千吨煤。鼎盛时期，工厂雇用了 1 万余名工人，大多数为女性，一直运营到 20 世纪末。工厂生产的丝绒极受追捧：英国的乔治五世国王和美国的乔治·布什总统都是它的客户，后者曾在此订购白宫的窗帘。第二次世界大战期间，工厂生产了成千上万码（1 码约 0.91 米）的降落伞丝绸。

在信的末尾，李斯特抱怨说，由于原材料价格上涨和外国公司的竞争，工厂的订单量下降了。美国政府为保护本国丝绸产业，对进口的英国丝绸征收高额关税。在他回信后不久，1889 年 12 月 9 日，他发布了一份通知，减少大批工人的工资，并告知他们，要么接受减薪，要么离职回家。工人们向织工纺织协会寻求帮助，并派出一名代表向李斯特提出意见。该名代表指出：公司已经赚取 13.8 万英镑的利润，而减少工人薪资只会为公司带来 7000 英镑的收入，这一数字与已获利润相比微不足道；但工人会大受影响，工资将大幅减少 20%。公司不同意这一论点，随后，工人们进行了轰轰烈烈的罢工。大约有 200 名工人未参与罢工，他们受到警察的护送，进入工厂后也只进行必要的维修工作。此时，济贫法委员会下令，罢工者不能获得任何福利。因此，贫穷迫使工人屈服了。罢工结束了，但工人的不满情绪并没有消失，人们认为，他们需要组织起来，让社会听到他们的声音。不久之后，当地工人聚集在一起，成立了布拉德福德工会。正是以这一工会组织为基础，在英国形成了一股全新的政治力量——独立工党，它是现代工党的前身。这个国家的第一个社会主义政党，竟然根植于最奢侈的行业，真具有讽刺意味。

李斯特并不是唯一致力于提高废丝生产和质量的人。因为废丝通常比上好的丝线要粗糙，所以需要烧毛，使丝线变得平滑。丝线穿过气体火焰，粗细变得不均匀，理论上会使丝绸更有光泽，但容易留下一层灰烬，使丝绸变暗。罗奇代尔的机器制造商 W.H. 普林斯（W.H. Prince）和詹姆斯·汤姆林森（James Tomlinson）发明了一种烧毛后清洁丝绸的设备，并申请了专利。

李斯特专门从事废丝纺纱的工厂

位于布拉德福德市曼宁厄姆区，是当时英国最大的丝绸工厂，现已被改造成公寓楼。

丝线烧毛后，围绕该设备上的多个盖子转动，可以去除灰烬。随后，他们将版权卖给了李斯特的公司。

废丝业的发展，得益于政府对进口原材料的税收稳步降低。1819年，原材料进口税高达每英担（约合50.8千克）22英镑，仅仅十年后，就降至每英担1先令（英国旧币，1英镑等于20先令），最后完全取消了这项进口税。因此，可在废丝进口量的数据中看到其增长，在1815年至1817年的三年中，进口量为2.7万吨；但在1839年至1841年这三年中，进口量已超过100万吨。这一数据让我们认识到废丝行业日益增长的重要性，至此，我们甚至还没有考虑英国本土丝绸厂产生废丝。绢丝（纺出的废丝）有多种不同用途，通常可用于生产相对便宜的丝织品，早年间，工厂将绢丝制成头巾出口。但有时候，也用绢丝制作更奢华的物品。著名的佩斯利披肩和桌布也开始用绢丝织造。

19世纪末，开始流行一种不同类型的绢丝。印度柞蚕丝是印度野生蚕蛾的产物。印度柞蚕与印度钩翅天蚕蛾是完全不同的物种，它不像中国养殖的蚕蛾，不挑食，咀嚼各式各样的植物，特别喜欢橡树叶。茧丝色浅，会吐出迷人的蜂蜜色丝线。欧洲人没有立即接受这种蚕丝，但在1872年，托马斯·沃德尔（Thomas Wardle）爵士使用染了黑色的印度柞蚕丝制作出丝绸"海豹皮"，并在1878年的巴黎展览会上展出，立即成为极受追捧的产品。英国研发出的绢纺设备，使绢纺工业很快风靡世界，不仅传到了欧洲，还传到了大西洋彼岸。下一章，我们来谈一谈美国丝绸业的发展。

第十章

美国丝绸业

第一位全面综述美国丝绸工业发展历史的，是 L.P. 布罗克特 M.D.（L.P. Brockett M.D.），他于 1876 年出版了《美国丝绸工业史》，之后立即表明自己是爱国公民。他首先在书中陈述了亚洲和欧洲早期丝绸史，接着开始陈述美国丝绸工业史，"美国殖民地发展初期，便开始出现丝绸文化，值得注意的是，美国丝绸业发展的动力，自始至终源于历任英国国王的自私愿望，他们希望殖民地能依赖母国，即使牺牲自己的利益，也要为英国的利益服务。"布罗克特在书中表达出了他对詹姆斯一世的不屑一顾。

早前，美国人观察过詹姆斯一世在英国本土培育蚕种的失败经历。布罗克特在书中将这一经历与弗吉尼亚州成功种植烟草的事迹联系起来。这位国王写了一本美国人眼中"最荒谬的书"：《抵制烟草》，我们现在知道，这是对烟草损害人体健康的精确警告。但在当时的弗吉尼亚，烟草种植大获成功，在当地，烟草以货币的形式存在。谈判双方不会用硬币来计算商品价值，而会考虑商品对应的烟草磅数。而英国国王却想鼓励殖民者放弃烟草，转而种桑养蚕，只因为相比于寒冷潮湿的英国，美国的气候条件更有利于养蚕。他下令，强制殖民地停种烟草、开始植桑。美国人做出激烈反对，因为虽然织造丝绸可以促进当地经济发展，英国人也不允许他们这么做，而是必须将蚕丝全部运往英国加工。他们要求美国人放弃具有高额回报的烟草作物，种植没有利润的桑树，连制丝的利润也不给美国。正是英国这种凡事要把他们的需求和利益放在首位的态度，最终引发了美国独立战争。

而无论弗吉尼亚人如何反对，他们都必须种植桑树。1623年，英国向美国殖民地运送了桑树和蚕种，立法规定，每100英亩（约40.5公顷）土地内必须种植至少10棵桑树，如果种植园主种的不够，就要缴纳10磅烟草作为罚款，以确保丝绸生产能按计划进行。但弗吉尼亚还是树少、蚕少、丝少，因此英国人又给种植园主支付额外的费用，希望能增加产量。而随后英国内战爆发，议会势力取得了胜利。虽然查理一世对丝绸很感兴趣（他在行刑时还穿了一件丝绸马甲），但克伦威尔和清教徒显然并不喜欢丝绸。后来，王朝复辟重新唤起了英国人对丝织品的热情，但他们对弗吉尼亚所供应的丝却兴致寥寥。因此，虽然弗吉尼亚人还在种桑养蚕，却不需要再将蚕丝送往英国，而有机会自己织造丝绸，让富有的种植者们炫耀自制的丝绸马甲和手帕。但对于种植园主来说，种桑养蚕织丝不算大事，无法与烟草这种主要收入来源相提并论。而且，根据布罗克特的说法，富人虽然炫耀丝绸，却不认可它的价值。他们说："丝绸一点儿也不完美，衬不上我们的绅士美女。"布罗克特认为，当地人对捻丝、染色和丝织的复杂程度并不了解，因此织造的丝绸粗糙、僵硬、没有光泽，颜色也不持久。

1732年，美国南部的佐治亚州试图将丝绸行业引入本州。总督将土地分配给定居当地的殖民者，条件是他们必须每英亩种植100棵白桑树，而且至少种植十年。他们从英国运来桑树和蚕卵，并请了两位专家陪同前来。其中一位专家是主教派教会的牧师，他是养蚕专家，为佐治亚州提供了许多建议；还有一位是皮埃蒙特的缫丝专家。三年后，第一批装载着8磅生丝的货船驶出萨凡纳的港口，在英国织成丝绸面料，并上呈给卡罗琳王后。它标志着佐治亚州丝绸业的良好开端。1749年，英国政府继续鼓励美国殖民地发展丝绸行业，取消了佐治亚州和南北卡罗来纳州的丝绸税，并委派意大利人奥尔托伦吉（Ortolengi）向美国人介绍意大利的养蚕业。

奥尔托伦吉在萨凡纳建立了工厂，从事缫丝、加捻、清洁和缠绕丝绸的工作。该厂取得巨大成功。1759 年，佐治亚州将 1 万多磅丝绸运往英国，这些丝绸做工精良，价格高于市面上产于其他地区的丝绸。而就在一年前，萨凡纳的丝绸仓库着火了，相当数量的丝绸和 8000 磅的茧付之一炬，因此，能在这一年出口 1 万多磅丝绸，说明萨凡纳丝织厂的丝绸产量着实惊人。而事实证明，这是萨凡纳丝绸行业发展的顶点。此后，丝绸出口量逐渐减少，工人的生产积极性减弱；美国南部发现了一种可替代丝绸的高利润作物——棉花。之后几年内，棉花主导了整个州的经济。

南卡罗来纳州也开始生产少量丝绸，据说质量颇佳。伊丽莎·平克尼（Eliza Pinckney）夫人住在查尔斯顿附近，她十分富有，在丈夫的种植园里种桑养蚕，而后纺纱织丝，生产出足够制作三件连衣裙的丝绸面料。1755 年，这家人带着这些丝绸前往伦敦。一份送给了切斯特菲尔德勋爵（Lord Chesterfield），第二份送给了威尔士王妃，第三份留给了伊丽莎。平克尼一家人在英国待了五年，似乎希望引起人们对南卡罗来纳州丝绸的兴趣，却收效甚微。南卡罗来纳州也像佐治亚州一样，将棉花作为该州的主要经济作物；事实上，棉花主导了美国南部多数地区的经济。这不仅因为棉纺织业比丝绸业更简单，也因为种植棉花和棉纺织业的整条产业链可以几乎完全依赖奴隶劳动。可以说，棉花是种植园的理想经济作物。

18 世纪中叶，现在的康涅狄格州所在地也开始发展丝绸业。N. 阿斯平沃尔（N. Aspinwall）博士开始在长岛种植桑树，1762 年，他将桑树和蚕种运送到康涅狄格州各地，主要运往纽黑文和曼斯菲尔德这两座城市。耶鲁大学校长以斯拉·斯泰尔斯（Ezra

Stiles）也对康涅狄格州的丝绸发展起到了至关重要的作用。他进行了细致的实验，为种桑养蚕事业打下了牢固的基础。这里蓬勃发展的丝绸业也给乔治·华盛顿总统留下了深刻印象，他认为光亮绸"非常好"，而丝线"极为精良"。曼斯菲尔德作为第一批接收阿斯平沃尔博士桑树的小镇，已成为该州重要的养蚕中心。据估计，19世纪初，该镇约四分之三的家庭都在养蚕。到了1840年，康涅狄格州的丝绸产量是全国其他地区的三倍。

这一数据足以令人震惊，因为康涅狄格州的气候与南部各州截然不同，一月份的平均气温低达零下3摄氏度。2018年4月塔林·斯金纳（Taryn Skinner）发表的一篇文章中，引用了现代养蚕业者迈克尔·库克（Michael Cook）的话，讲述了如何在寒冷的冬天保护蚕蛾生命。"早上开始工作前先喂蚕，中午、晚上再各喂一次，清理十几个大托盘的蚕砂，睡前再喂一次。我每天喂蚕所用的桑叶和小树枝，可以装满一个大垃圾袋。通常要把茧放在隔热的阁楼中，因为温暖的空气会上升，阁楼是存茧的最佳场所。"

丝绸业的工作都很精细，没有什么捷径可以走。当年以斯拉·斯泰尔斯引进桑树时，引进了意大利品种的白桑树。这种树生长缓慢，叶片很小。对于许多人来说，改种生长更快、叶子更大、收获更频繁的中国黑桑树（品种为鲁桑）才是明智之举。投资者认为，种植黑桑树是降低养蚕成本、获得巨额利润的绝佳机会。第一批黑桑树的插枝的价格不断上涨，很快便售出去了，他们因此心情愉悦。塞缪尔·惠特马什在马萨诸塞州拥有一家蚕房，他特别想发财。于是，他开始发行宣传小册，极力宣扬黑桑树的价值，将它宣传为一种可保多年营生的摇钱树。因此，当地刮起了种植黑桑树的热潮，交易价格极为荒唐。惠特马什的一位同事讲述了这样一则故事：在马萨诸塞州以25美元的价格买下一棵桑树，然后以50美元的价格卖给康涅狄格州的农民，但当投资者给出 450 美元的高价，希望购买农民四分之一的股份时，这位农民却拒绝了。这场种桑热潮，就像许多快速致富的计划一样，以灾难告终。

这个计划中有两大问题。首先，也是最明显的问题是，桑树的高额售价无法长久持续下去；其次，在 19 世纪 40 年代初，严冬和枯萎病毁了许多树木。种桑养蚕的行业或许复苏了，但却已经伤及根本了，因此迟迟无法走出困境。新桑树养出的蚕所吐的丝，质量远不如早期进食意大利白桑树叶的蚕所吐的丝。新蚕丝粗糙、凹凸不平，缫丝的结果往往很差。做缫丝工作的主要是家庭妇女，她们必须兼顾家务、照顾孩子。纺织羊毛或棉花时，可以很好地遵循这种古老的、女性在家纺纱的工作模式，因为她们可以随时停止工作，稍后再继续。但这一模式并不适用于缫丝，因为缫丝需要工人长期保持专注。在美国，起初人们大多使用相当粗糙的缫丝方法。将茧放入热水中，用刷子搅拌。蚕丝的纤维粘在刷子上，然后缫丝人再取下刷子上的纤维，缠绕在一个简单的手动卷轴上。如此缫出的丝，经常不均匀，而且粘黏在一起。因为丝线质量差，织出的丝绸也只能通过以物易物的方式出售，没有人愿意为它们浪费金钱。为了提高丝线质量，1792 年，曼斯菲尔德出版了一本手册，该手册原为皮埃蒙特的丝绸工艺说明书，1774—1775 年在英国翻译成英文。手册建议，将四个茧的蚕丝梳成两根线，然后相互缠绕 20 至 25 次，这样每根线的两端都能更好地连接在一起，彼此交叉，丝线更饱满，否则得到的丝线会比较平。1839 年的新版手册提到了一个更简单的方法，将几个茧的丝简单缠绕在一起，抽出整只茧的丝时，把末端绑起来，然后再捻动丝线。但使用这种方法，蚕茧中多半的丝都会坏掉、作为废丝被丢弃。汉克斯兄弟 1810 年曾在曼斯菲尔德建丝绸厂，而后又在康涅狄格州开办了新的丝绸厂。对他们来说，最糟的是丝的质量不够高。最终，家庭养蚕制丝的市场崩盘，曾经价值不菲的桑树变得几乎一文不值。许多农民都破产了，有一些人干脆把桑树砍掉，在土地上种植更可持续的作物。种桑养蚕的泡沫彻底破灭了。布罗克特巧妙地总结了整体情形：

> 农民的妻女，不喂蚕时要缫丝，也许还要纺纱、捻丝。而今，丝绸像棉花一样便宜，每名主妇和女仆都能最少拥有十几条丝绸连衣裙，她们十分高兴。可是她们要花费全部时间照顾蚕和茧，真不知道什么时间、什么场合才能穿上这些衣服。

事实上，这场灾难终结了美国桑蚕养殖业，但整个丝绸行业还未走向末路——丝织厂并没有倒闭。贺拉斯·汉克斯（Horace Hanks）和罗德尼·汉克斯（Rodney Hanks）这对兄弟在曼斯菲尔德建立的丝绸工厂，是美国第一家水力丝绸厂。这家工厂位于一幢很小的单层木结构建筑中，中间为门，两边各开一扇窗，内部的纺纱机械很简陋。工厂建筑保存了下来，现在是密歇根州迪尔伯恩市格林菲尔德村博物馆（Greenfield Village Museum）的一部分。这是他们事业的开始，但算不上精彩，在接下来的几年里，也没有什么大事发生。而后，在19世纪20年代末，年轻的捻丝员埃德蒙·戈尔丁前往美国寻找工作，他曾在英国柴郡麦克尔斯菲尔德的一家丝绸厂工作。他发现，这里机械化设备简直太少了，为此大感惊讶。曼斯菲尔德的商人阿尔弗雷德·莉莉说服戈尔丁绘制图纸，展示出英国用于丝绸纺纱的机器。图纸比较粗糙，但足够清晰地显示了机器的工作原理。1829年，曼斯菲尔德丝绸公司与戈尔丁建立合作伙伴关系，根据戈尔丁的图纸开办工厂，制造出用于并丝和加捻的机器。如前文所述，当地生产的丝绸质量不高，戈尔丁说服他的合作伙伴，开始从英国进口生丝。这一举措为未来的发展奠定了基础。虽然新英格兰地区的养蚕工

林肯总统之妻——玛丽·林肯（Mary Lincoln）所穿的丝绸礼服
展出于史密森尼美国国家历史博物馆。

作已基本结束，但美国丝织业将在这一地区发展壮大。

一位英国人前往波士顿经营丝绸流苏生意，他对戈尔丁的缫丝机提出有效建议，促使了缫丝机的改进。1830 年，曼斯菲尔德当地居民内森·里克斯福德从法国购买了一架皮埃蒙特缫丝机，自己改进机器，并用它缫丝。他在曼斯菲尔德山谷制造、出售缫丝机。依照他的建议所改进的缫丝机，是最早可以缫制本地生丝的机械设备。用这台缫丝机缫出的丝，可以织造出与欧洲丝绸相媲美的织品。1839 年，里克斯福德建立了自己的丝织厂。

在未来几十年里，曼斯菲尔德还开办了许多小型丝绸工厂，均取得了不同程度的成功。1848 年，E.B. 史密斯丝绸厂成立，而此时，他已经不太能招到本地员工了。各个丝绸厂发现，他们的员工太多，必须要将部分工厂大楼改造成员工宿舍。1827 年，曼斯菲尔德丝绸公司收购了第二家丝绸织造厂，这家工厂比以前的更大。在其他工厂都专注于制丝的时候，只有他们尝试丝织工艺，却收效甚微。不幸的是，他们还在种植鲁桑（即中国黑桑树）的繁荣时期投入了巨资。由于这两次失败的投资经历，公司破产了。其实，康涅狄格州最大、最成功的丝绸织造厂不在曼斯菲尔德，而在曼彻斯特。它于 1833 年由切尼三兄弟——沃德、弗兰克、拉什——与乔治·威尔斯合作建厂。这座工厂位于一栋简陋的两层楼建筑内，只有尺寸为 32 英尺 × 45 英尺（约 9.7 米 × 13.7 米）的机械设备是水力驱动的。他们与许多投资人一样，在桑树热潮中投资了黑桑树，但他们很有先见之明，在市场崩盘前及时撤了出来，并开始从远东进口生丝。1847 年，弗兰克·切尼为里克斯福德的罗拉（辊、轴）申请了专利，该罗拉通过摩擦驱动，可将生丝卷绕成双捻丝线。与早期的丝线相比，这种新丝线更经久耐用，生产中的报废率也低得多。新产品大获成功，标志着公司快速扩张和创新时期的开始。

1854 年，切尼兄弟在哈特福德开设了第二家生产丝带的工厂，次年开始进军绢纺工艺（纺废丝）。据他们所称，他们是世界上最早从事绢纺工艺的人，但正如在前一章中所提及的那样，尽管他们肯定是美国最早从事这项工艺的人，并且没有参考前人的成果，但他们也并非唯一获此殊荣的人。他们的公司不断发展壮大，1860 年时已拥有 400 名员工。在他们开始引起关注时，公司只有 5 万美元的资金，此时已升至 55.1 万美元。公司在创新方面的声誉越来越好，吸引来一位曾在柯尔特武器制造公司工作的年轻机械师——克里斯托弗·斯宾塞。斯宾塞发明了一种新型速射步枪，说服切尼兄弟进军军火行业。斯宾塞把他的步枪带到华盛顿，向亚伯拉罕·林肯介绍，林肯对其印象颇好，立即说，斯宾塞有多少枪，部队就购买多少。即便如此，丝绸仍然是公司的核心业务，而且随着业务增多，公司的活动范围也随之扩张。他们建造了一条两英里（约 3.2 千米）长的铁路，连接曼彻斯特和哈特福德的丝绸织造厂，既能运货也能载客。他们还积极参与社

切尼兄弟工厂的丝绸并纱机

该工厂位于康涅狄格州的曼彻斯特，摄于第一次世界大战期间。

区建设，为员工提供住房，在住房建筑中采用了当时颇为新颖的室内管道。他们还建造社区中心、教堂和学校。他们继续进行创新，发明出大卷轴（Grant Reel）络丝机，用于以十字的方式络丝，避免生丝缠结。这项发明十分成功，很快推广至世界各地的工厂中。20世纪20年代，切尼兄弟的公司员工人数达到4700人，引起了社会的关注。截至此时，他们的公司一直在取得各项成就，并不断向外扩张，1923年，公司实现了2300万美元的巨额利润；但在1929年华尔街股市大崩盘后，他们也与许多行业一样，在经济大萧条中艰难求生。稍后，我们会讲述那段岁月。提到切尼兄弟的故事，还不得不提他们兄弟好雇主的名声，布罗克特在书中也对这一点进行了描述。在切尼兄弟的公司中，多数女性劳动者都能享受与男性平等的待遇。兄弟三人的下一代也秉性优良。查尔斯·切尼（Charles Cheney）是一位狂热的废奴主义者，他的家是著名地下铁路（秘密结社）中的一站。逃跑的奴隶经常藏在他家里，这对这个家庭来说，需要承担相当大的风险。

切尼兄弟工厂壮观的动力织机。

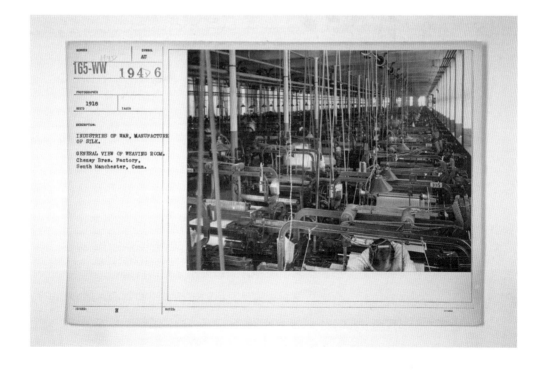

INDUSTRIES OF WAR, MANUFACTURE OF SILK.

BEAMING OFF WARP.
Cheny Bros. Factory,
South Manchester, Conn.

切尼兄弟工厂中的一台整经机。

　　美国东北部养蚕业的结束，并不意味着全国养蚕业的终结。在南部温暖的气候中繁殖蚕蛾，是十分明智的选择。起初是在加利福尼亚州，而后是路易斯安那州。在这些地区发展养蚕业，不仅是为了美国丝绸制造商着想，更是为了扩展市场，向全世界的丝绸行业提供服务。在1869年7月《科学美国人》的一篇文章中，报道了意大利养蚕业的事迹。意大利向日本支付了5000万法郎购买蚕茧，并以5万法郎的高价向全世界征集优质蚕卵。路易斯安那州科文顿市的一家公司做得非常成功，每磅蚕茧有150个，3月至4月间有大约100万个蚕茧待售。为了获得意大利的高额奖金，他们把蚕茧样品送到意大利去。

　　切尼兄弟的公司不是唯一一家在美国北部各州成功建厂的。美国最宏伟的丝绸厂之一，当属贝尔丁兄弟的公司，我们一起来看一看，这家公司有多强悍。他们最初在当时名叫布罗亚斯·拉皮兹（Broas Rapids）的小镇出售丝线。后来，为了纪念贝尔丁家族为小镇带来的繁荣景象，小镇改名为贝尔丁。他们贩卖丝线的生意十分兴隆，因此决定开始自己制丝，并于 1866 年在康涅狄格州罗克维尔建立了第一家丝绸工厂。工厂办得非常成功，很快，他们又在马萨诸塞州、加利福尼亚州和蒙特利尔增开了丝织厂，又在 1886 年回到了家乡，建造了一座大型丝绸织造厂。之后，出于某种原因，他们判断自己超负荷了，就把家乡的工厂卖给了公司办公室经理乔治·理查森。无论贝尔丁兄弟有何疑虑，这家工厂很快大获成功，因此兄弟俩又在镇上建了一座工厂，并在 19 世纪 90 年代增加了三台新设备。此时，理查森也扩建了他的丝绸织造厂。1910 年，贝尔丁兄弟又将理查森的丝绸厂收购回来，它一直运营到 1932 年。如今，这座宏伟的建筑已被改建为公寓，提醒人们贝尔丁家族企业有多优秀。而在贝尔丁小镇上，标志着贝尔丁家族重要性的建筑物，远不只有这一座公寓楼。兄弟二人还为工厂的未婚女性建造了多幢宿舍楼，其中的贝尔拉克顿宿舍楼至今仍然矗立在小镇上。它是一座新古典主义风格的建筑，现在是贝尔丁博物馆所在地。

美国北部各州的丝绸工厂继续蓬勃发展，主要使用水力驱动。威廉·斯金纳在马萨诸塞州海登维尔开设的昂科芒克丝绸

雄伟的理查森丝绸织造厂
位于密歇根州贝尔丁。

络丝女工
络丝女工将丝线缠到线轴上。
马萨诸塞州霍利奥克，威廉·斯金纳父子的丝绸工厂。

厂，与马萨诸塞的其他工厂一样，依赖米尔河上威廉斯堡水库供水。1874 年 5 月 16 日，水库决堤，约 600 万吨水流出。此地多家工厂被完全摧毁，148 人因此丧生；斯金纳的工厂也被毁了。这家工厂是美国最大的工厂之一，它的毁灭让人见识到洪水的威力。工厂幸存下来的许多工人，家园和财产也被洪水冲走了。有人设立了救济基金，专门帮助这些工人。每位女士会收到 100 美元和一箱衣服，每名单身男子可得 50 美元和衣服；若租房住，可得 300 美元；房子业主能得到额外的 500 美元。斯金纳立即着手重建精致的意大利风格工厂，并于 1875 年恢复营业。

尽管加利福尼亚州和路易斯安那州的养蚕业都很成功，但大多数美国丝绸织造商还是更愿意从中国或意大利进口生丝。19 世纪末，从意大利进口生丝的价格，每磅都比中国生丝贵 2 美元，但中国生丝中的瑕疵和废丝都比意大利生丝的要多，因此从长远看，进口意大利生丝实际上更划算。中国和意大利的生丝，不同批次之间的处理方法也不同。两种生丝初始处理过程相同，需要按照粗细程度进行分类，再将一包分拣好的绞丝放入棉袋中，在约 110 华氏度（42 摄氏度）的水中浸泡几个小时，再放入带孔的圆筒离心机中，在蒸汽的驱动下快速转动，强制排出丝中的水。到此，意大利的丝就处理好了，但中国的丝通常还需要增加一个额外的处理流程，将丝喂入清洁机，用锋利的刀片去除瑕疵。之后，中国丝也处理好了，准备进入下一环节——捻丝工艺。

早些年，美国的丝绸织造工艺不如欧洲先进，许多报道中，都有欧洲工人到美国帮助建厂，并提出建议制造或改进设备。然而，随着美国丝绸行业的发展，美国人理应开始发展自己的工艺。19 世纪 60 年代，美国丝绸行业得到一定程度的提振。美国内战夺去了无数人的生命、造成了大规模的破坏，却帮助发展了当地丝绸业。由于美国人将大量资金投入战争，货币稀缺，几乎无法进口外国商品，所以对进口丝绸设立高关税。人们仍然需要丝绸，因此美国家庭丝绸行业得以发展，以满足人们的需求。最早研制出自己设备的企业之一，是丹佛斯机车和机械公司，他们制造了捻丝机。这种设备非常之大——该公司的第一台捻丝机长 32 英尺（约 9.7 米），有 684 个锭子。以每分钟 8000 转的速度转动，运行非常平稳，只需要两名专业操作人员。这家公司还造出丝带织机，每台织机可同时织造 28 条丝带。

19 世纪末，丝绸已成为美国北部各州的重要产业，与英国一样，也发展出许多工厂城镇，城镇以大型工厂为主导，住房经常聚集在工业建筑的周围。年轻女性构成丝绸业劳动力的主体，她们的住宿条件各不相同，具体可参考贝尔丁的宿舍楼。还有一些工厂、公司建造住宅楼，他们通常按照高标准建造，再让工人家庭以相对适中的价格租用，宾夕法尼亚州兰开斯特的丝绸工人住宅楼即是如此。

美国的动力织机早已取代了老旧的手工织机，但美国发明家并不满足于此，一直在寻找一种比梭子更有效的方式，引导纬纱穿过经纱。J.H. 格林利夫成功改进一款织机，并在著名的柯尔特

宾夕法尼亚州兰开斯特的丝绸工人住宅楼。
以适宜的租金租给工人。

工厂制造出来，这就是厄恩肖针织机（Earnshaw needle loom）。某种程度上，可以说它是基于缝纫机改造的，因为它以一根铁棒末端的尖头针携带纬纱，不需要再投梭，而是用曲柄驱动铁棒穿过梭口，在离面料较远的地方切断纬纱，铁棒自行返回原处。它与剑杆织机基本相同，最早的针织机是 1844 年约翰·史密斯（John Smith）在英国索尔福德研发出来的。

美国丝绸工业还需要一段时间才能建立起来，某些领域不得不完全依赖进口设备。织造蕾丝花边的领域就是这样。蕾丝织造机（又名花边机）是从英国蕾丝织造重镇诺丁汉引进的。正如它的名字所暗示的那样，诺丁汉的这种设备从早期的织袜机发展而来。约翰·希特科特最早发明的机器需使用手柄和脚踏板进行操作，但后来改由动力驱动，1818 年开始在希特科特的丝绸织造厂使用。这种机器造价高昂，若想织造复杂的图案，还必须进口贾卡提花机。美国的蕾丝花边织造属于新兴领域，没有人会维修机器，所以线轴断裂时，就必须把它们送回英国维修。当然，美国的花边制造商也像丝绸行业其他领域的精英一样，很快就能独立了。总体而言，美国丝绸业主要还是生产丝绸和丝绒面料。但是在美国，丝绸业一向没有其他纺织行业那样重要。虽然丝绸是全世界的织物女王，但棉花才是美国纺织业唯一的王。

1914 年前后，康涅狄格州南曼彻斯特的一家工厂中，工人们正合力把经纱从一个大卷轴上转移到织机后部的横梁上。

第十一章

科学与丝绸

　　化学研究不同于炼金术，它的历史可以追溯到 18 世纪，当时，人们通常把它当作业余爱好来研究。约瑟夫·普利斯特利（Joseph Priestley）不是一位循规蹈矩的牧师，他业余研究化学，是"第一位分离出氧气"的人；而同样研究氧，并证明水是由氢元素和氧元素组成的安托万·拉瓦锡（Antoine Lavoisier），则是一位法国贵族。19 世纪早期，人们对化学成分的理解取得了长足的进步，在那期间，化学这一学科产生了重要分支。人们发现，碳是很多物质的基础，这些物质大多存在于自然界的生物体中，人们将这些含碳的物质称为"有机物"，而其他不含碳的物质称为"无机物"。现在人们所说的"非有机食品"其实是误导人的，因为对于化学家来说，几乎所有食物都是有机的。从外表看，有机物和无机物没有明显区别。试想，有多少人给茶杯里加糖时曾误加过盐？食盐（氯化钠）是无机物，每个分子由一个钠原子与一个氯原子组成；而食用蔗糖则是有机物，每个分子由 12 个碳原子、22 个氢原子和 11 个氧原子组成。为什么科学家可以利用有机物生成各种新的化合物？因为，有机物通常比无机物的关系复杂得多，只用一些基本元素，就可以组合出无穷无尽的化合物。这些又与丝绸有什么关系呢？截至 19 世纪，丝绸行业所使用的染料都是由天然材料制成的，例如黄色的藏红花、蓝色的靛蓝等，都是有机物。对于早期的人们来说，虽然他们想要人工合成染料，但是有机物都太复杂了，他们想不出应该如何去做。一些天然染料（尤其是黄色染料）始终难以持续生产。制造商希望能使用更好的染料，但没人知道应该怎样做。他们最终还是创造出了一种人造染料，其产生过程十分有趣。

1818 年，奥古斯特·威廉·冯·霍夫曼（August Wilhelm von Hofmann）出生于德国吉森，他最初学习法律和哲学，但很快就迷上了化学。1845 年，他被任命为伦敦新成立的皇家化学学院院长。他发现，煤焦油是一种非常有用的物质，它可以广泛用于多种有机反应中，合成形形色色的有机物。首先，可以通过蒸馏提取出部分有机物（馏分）。不同的物质沸点不同，因此，可以首先蒸馏提取出沸点最低的化合物，然后再逐步升高温度，依次蒸馏出馏分。这一发现犹如打开了一扇新领域的大门，吸引着年轻的科学家们前来研究，他们报名成为霍夫曼助手，并努力进行科研。查尔斯·曼斯菲尔德即是这样。他非常热衷于实验，在自家住宅里建立了实验室，他进行蒸馏时，所使用的仪器着火了。这位年轻的化学家不幸丧生。

霍夫曼从煤焦油中提取出了一种物质——苯，它与硝酸混合后，生成淡黄色油状物（硝基苯），硝基苯可以被进一步还原形成一种叫作苯胺（aniline）的物质。"aniline"源于葡萄牙语"anil"一词，意为靛蓝。靛蓝是一种制造商希望能用人工合成的方法替代的天然染料之一，但科学家们却对它并不感兴趣。他们在此基础上合成了一种新化合物——丙烯基甲苯胺，其结构非常像奎宁。这一发现诱导着科学家们继续研究下去，因为奎宁是一种重要的药物，对于治疗疟疾起到至关重要的作用，而疟疾在当时的英国各地都非常普遍。于是，霍夫曼的一位聪明的年轻助手威廉·珀金开始尝试生产人造奎宁的方法。丙烯基甲苯胺由碳、氢和氮原子组成，但奎宁上还附有氧原子，要制造出奎宁分子，必须要做出其他调整。

珀金使用重铬酸钾处理丙烯基甲苯胺，希望两者可以发生反应，能给丙烯基甲苯胺添加额外的氧和硫酸。他得到了一种浑浊的红褐色物质，但不是奎宁。这对他来说是个打击，但他继续坚持实验，改用苯胺作为反应物，得到了一种黑色黏稠的沉淀物，似乎离奎宁还是相去甚远。紧接着，他尝试用水煮沸这种沉淀物，发现其中一些物质溶解了，产生出一种紫色液体，冷却后，紫色液体会结晶。虽然依旧没有得到奎宁，但新物质的颜色很好看，他发挥想象，决定看看能不能用这种紫色液体来染丝绸。结果令人满意，布料变成了迷人的浅紫色，清洗后也没有任何褪色的迹象。他找到了染料行业的龙头企业珀斯的普拉斯，并将样品寄给了对方。很快，他收到了回信，并倍感欢欣鼓舞，这封信被收录在 1958 年牛津大学出版社出版的《科技史》第五卷中：

> 如果您的发现成本不是特别高，那它绝对是有史以来最有价值的产品之一了。所有类别的布料都急需这种颜色，以前的紫色染料都无法在丝绸上快速着色，在棉纱上染色也需要耗费巨资。我为您附上了我们在棉布上用最好的紫色染料染出的图案——在英国只有我们一家公司可以给棉布染紫色，但即便如此，着色速度也不快，且颜色在丝绸上持续的时间也很短，暴露在空气中会褪色，所以没有您的染料能经得起考验。

这是第一种苯胺染料。珀金热衷于用染料赚钱，因此，他父亲为他提供资金支持，他做建筑商的兄弟也帮助了他。1857 年，他在哈罗附近开办工厂。此时，这种染料被称为"苯胺紫"。它在给丝绸染色方面非常成功，但最初给棉花染色时却不太顺利。它风靡法国，并被浪漫的法国人命名为"锦葵紫"，并一直沿用至今。尽管它没能在法国获得专利，但它在法国风靡的盛景影响了英国——法国时尚一向可以影响世界。万国博览会上，维多利亚女王身着紫红色丝绸礼服现身于水晶宫，便是对它最好的宣传。这种新颜色引发的热潮呼啸而至，它甚至出现在动画片中：一名警察命令观众"穿上淡紫色衣服"。它带给了珀金巨额财富，让他得以离开皇家化学学院，并致力于化学研究，并最终被封为威廉·珀金爵士。珀金还在继续研究染料，其他研究人员也很快生产出各种合成染料。

许多科研人员都在思考，既然可以制造出合成染料代替天然植物染料，是否也能制造出人造面料来替代奢华、昂贵的丝绸呢？科学家们初步假设，蚕丝与桑叶有关：如果蚕这种简单生物可以通过咀嚼桑叶来制造细丝，那么聪明的科学家应该能找到方法，将桑树转化为丝滑的织物。瑞士化学家乔治·奥达曼斯（George Audamans）首先开始进行实验。他取用桑树的内层树皮，与溶剂混合成胶状物质，然后用针将这种胶状混合物拉成细线，他管这种细线叫"人造丝"。这个研究进展缓慢，而在这场聪明的科学家与不太聪明的蚕之间的小小较量中，蚕显然才是赢家。虽然奥达曼斯的工艺从未被商业化，但它获得了专利。约瑟夫·斯旺（Joseph Swan）也尝试用树皮制造人造丝，但他与奥达曼斯的方式不同，他让材料穿过小孔来制造丝线，这种技术将在后期进一步发展，并应用于实验中。然而，从商业的角度来看，斯旺的方法并不比奥达曼斯高明多少。

其他科学家与奥达曼斯和斯旺二人选择了不同的研究路线，认为桑树不太可能具备产生丝绸的特性，但在所有绿色植物中，可能存在这样一种基本元素，人们能以它为基础研究人造丝。事实上，确实存在这种物质，它就是纤维素。纤维素是由葡萄糖组成的大分子多糖，是构成植物细胞的主要成分，对植物起支撑作用。科学研究表明，利用纤维素很有可能创造出新物质。巴塞尔大学教授克里斯托弗·弗雷德里克·舍恩（Christopher Frederick

20 世纪早期的英国淡紫色（苯胺紫）丝质连衣裙

曾为捐赠者的姑姑菲莉丝·惠特沃斯（Phyllis Whitworth）的裙子。

现藏于奥克兰博物馆。

Schönhein）首先做出了突破性的研究，他用硝酸和硫酸处理纸张，制造出硝酸纤维素，这正是生产几种新材料的起点。事实上，塑料最初就来自硝酸纤维素。

亚历山大·帕克斯（Alexander Parkes）于 1813 年出生在伯明翰，他去埃尔金顿公司工作之前，曾是黄铜创始人的学徒，他的师父曾获得电镀专利。他雄心勃勃、才华横溢，1841 年时便已获得专利。这是一项关于电镀精密物体的专利，是他所获的多项专利中的第一项。埃尔金顿公司曾使用过他的技术，1844 年，阿尔伯特亲王访问这家公司时，曾被赠予一张镀银的蜘蛛网。帕克斯继续进行其他发明创造，直到 19 世纪 50 年代中期，才开始关注硝酸纤维素的用途。他需要一种类似杜仲胶的新型绝缘材料，来取代当时使用的天然绝缘体。他尝试将硝酸纤维素置于不同溶剂中，直到最终生产出一种在他看来可以成功绝缘的材料，这种材料还能防水。他将其命名为"帕克赛恩"（parkesine，即硝化纤维素塑料），并在 1862 年的万国博览会上展出。1866 年，他在哈克尼威克建立工厂生产帕克赛恩，但事实证明，这种材料又脆又贵，他的公司最终倒闭了。无论如何，帕克赛恩是第一种可用的塑料，人们很快发现了它的其他用途。

丹尼尔·斯皮尔（Daniel Spill）最初是一名医学生，但后来与兄弟乔治·斯皮尔一同加入了一家公司，在布上铺橡胶来生产防水布料。丹尼尔·斯皮尔被公司任命为哈克尼工程的经理，他对帕克赛恩很感兴趣。工程结束后，他继续实验硝酸纤维素，生产出他称之为"假象牙"的新型塑料。同一时期，约翰·韦斯利·海厄特（John Wesley Hyatt）在美国也研发出了一种与之类似的产品，因此，两人开启了长期的专利争夺战。

而后，美国体育界制造台球所用的象牙短缺，从而推动了合成材料的发展。一家制造台球的龙头企业悬赏 1 万美金，征求优质人造象牙。斯皮尔团队"假象牙"的研究已步入正轨，海厄特单打独斗，也在为赢得奖金而努力。海厄特用各种不同的化合物处理硝酸纤维素，最终用樟脑的乙醇溶液溶解硝酸纤维素，得到了理想的成品。他的兄弟根据组成这种塑料的原始材料想出了一个名字——"赛璐珞"。赛璐珞用途广泛，其中最受欢迎的用途之一是制作文员的袖口，因为这种袖口碰到了墨水，简单一擦就能擦干净，可以保护衬衫不被墨水弄脏。至此，虽然合成材料还做不了高级时装（优雅的女士们衣服上可没有墨水渍），但它终于开始在服装行业中崭露头角了。多年来，海厄特和斯皮尔一直在为各自的专利辩论不休，法院先是支持斯皮尔，又改为支持海厄特。无论两人如何争辩，显而易见的是，聚合物确实用途广泛。人工合成材料，以尝试制造人造丝为始，以制造出假象牙、赛璐珞为终，开启了塑料时代。塑料时代在当初好似人类的福音，如今却已成为国际公害。直至赛璐珞面世，也没有什么好的方法，能合成人工丝线。

象牙的短缺促使第一款塑料面世。而 19 世纪 70 年代时，一场蚕的流行病，危及了法国丝绸行业，促使了第一款人造丝面世。路易斯·巴斯德（Louis Pasteur）是当时的一位杰出科学家，他与年轻的贵族工程师合作研究，试图解决蚕病问题。这名工程师名为路易斯 - 玛丽·西莱尔·格兰奇（Louis-Marie Hilaire Bernigaut de Grange），是夏尔多内伯爵。经研究，巴斯德确定，蚕病来自一种寄生虫，它感染了桑叶和吃食桑叶的蚕。因此巴斯德建议，销毁所有病蚕和染病的桑树，留下健康的桑树和蚕重新开始。解决问题后，巴斯德开始着手其他工作，而夏尔多内伯爵则对蚕着了迷，并开始进行实验。虽然最初没有什么成就，但他的实验室发生了一起意外，对合成面料的发展影响深远。

经多方证明，硝化纤维素是一种用途广泛的材料，可用于制造硝化棉（火棉）。1846 年，路易斯·梅纳德（Louis Menard）将火棉溶解混合于乙醚和酒精中，溶液蒸发后，留下一种透明无色的液体，干燥后形成一层无色的胶质薄膜，称为胶棉，可用于覆盖、保护照相底片。一天，夏尔多内伯爵在黑暗的房间里工作时，不小心打翻了一瓶液态胶棉。他拿着布想要把它擦干净，擦拭时，胶棉拉成了长丝。夏尔多内立即看到了这种长丝与蚕丝的相似之处，并开始用硝化纤维素（构成胶棉的基本材料）进行一系列新的实验。他像早期研究人员一样，从桑叶中的纤维素开始研究。他制作出一种黏性溶液，让其流过一个穿有小孔的盘子，制成可以纺纱和编织的线。研发的过程十分漫长，1889 年，他在巴黎世博会上展示一种新材料——夏尔多内丝绸。这种人造丝绸光彩夺目，引人入胜，广受欢迎。很快，资金就到位了，1891 年，这种新材料开始投入生产。它光芒闪耀，因此得名"流光"。它的研发很成功，但早期高度易燃，因此，工人们给它起了一个相当具有黑色幽默的别名——"婆婆丝"。如果婆婆爱管闲事、不受敬爱，那就快送她"婆婆丝"吧；如果运气好，没准儿她就能火上浇油了。后来，人们改进了生产方法，这种材料也变得安全了。

1894 年，英国化学家查尔斯·弗雷德里克·克罗斯（Charles Frederick Cross）和同事爱德华·约翰·贝文（Edward John Bevan）、克莱顿·比德尔（Clayton Beadle）一起，生产出一种新型人造丝，并将其命名为"黏胶"，因为它来自一种黏性溶液。在材料的生产过程中，主要先从木浆中获得纤维素，再用二硫化碳和过氧化氢处理。后来，这种材料被称为黏胶人造丝，1905 年首次由英国库尔托德斯公司（Courtaulds）进行商业化生产。

黏性人造丝工艺的发展始于纸浆厂。先将云杉原木剥去树皮，破碎成小块，用亚硫酸氢钠溶液煮沸。然后清洗、切碎，压成木浆片。将木浆片送给面料制造商，由他们进行称重，再浸泡于氢氧化钠溶液中。按规定时间仔细浸泡后，挤压片材去除氢氧化钠，然后揉成纤维素碎屑，再进行搅拌，与二硫化钠形成黄原酸纤维素或黏胶。放置一段时间，再压入含有很多小孔的纺纱

英国制造的人造丝

机。黏胶从孔中流过，进入水溶液中，在水中呈现细丝状。而后将细丝先后缠绕在两个轮子上，轮一以稳定的速度转动，轮二速度比轮一快些，以此拉出长丝。这种使用不同转速滚筒拉丝的方法，类似于 18 世纪时理查德·阿克莱特水力棉纺厂的纺纱装置。而后，再将长丝喂入旋转的盒子中，盒子转动给线加捻，离心力再将加捻的线驱出盒外。再用热空气干燥捻线，丝线就制成了。

与夏尔多内人造丝相比，这种纤维有一个很大的优势——它不易燃，对于婆婆们来说，显然是个好消息。库尔托德斯公司后来在美国开设了一家工厂。现在仍在大量生产人造丝纤维。最新数据显示，其年产量为 580 万吨，其中三分之二为中国制造。人造丝走过了漫长的道路，却仍无法与神奇而有魅力的天然蚕丝相媲美。不过还好，织造后的人造丝至少具有了丝绸的外观，可供那些买不起真丝的人使用。

1940 年的英国人造丝长裙
现藏于奥克兰博物馆。

第十二章

现代丝绸业

　　20 世纪初，切尼兄弟的丝绸厂仍在蓬勃发展，并且主导着整个美国的丝绸业。1872—1917 年，他们建了一套新厂房。1920年约雇用 5000 名工人，占康涅狄格州曼彻斯特市总人口的四分之一。他们统治城镇，供应电力和天然气，建造当地消防站和学校，为员工提供养老金和医疗服务。虽然各个丝绸企业表现不凡，但这一行业的员工却出现了诸多问题。1909—1919 年，丝绸工厂发生多起罢工事件，最著名的在新泽西州帕特森。马萨诸塞州劳伦斯市罢工后，当地工人顺利涨了工资，这一成功案例让帕特森的丝绸工人深受鼓舞。帕特森的工人认为，他们的工资持续下降、工作时长过长，工作环境过差，因此对工厂有诸多不满。而当地丝绸厂希望通过使用现代化的机械设备提高生产力，并准备引入一种新型操作系统，可使一名操作人员同时管理四台织机。最初领导帕特森织工罢工事件的是激进的丝带织工，他们请求世界产业工人联盟（IWW）这个社会组织为他们提供帮助。由于工厂一直忽视工人的需求，1913 年 2 月 25 日，罢工开始了。

　　对于帕特森政府而言，与其说这场罢工起源于劳资关系矛盾，不如说这是一场政治罢工。罢工第一天，IWW 的领导人伊丽莎白·格利·弗林（Elizabeth Gurley Flynn）发表讲话，敦促各种族、各民族出身的工人团结起来。讲话后，她立即被捕，随后，所有去帕特森支持工人罢工的 IWW 代表都一一被捕。但罢工仍

在继续，当地工人组织起来，发挥了法律的全部效力。罢工结束前，已有近 2000 名工人被捕。工人们自发结成组织，并以挑衅的姿态参与了罢工运动。7 月 28 日，他们最终因为没有工资、无法生存而结束了这场轰轰烈烈的罢工。从某种意义上看，只要罢工者反对工厂引入新设备，他们就永远不可能获胜。帕特森的工厂必须要引入新设备，因为其他工厂已经开始这么做了，如果帕特森不做，未来的市场竞争将不再有它的一席之地。但除此之外，工人们的要求都很合理——拥有良好的工作环境、8 小时工作时长和合理的工资——却从未得到满足。帕特森罢工的失败，致使 IWW 组织元气大伤，成员骤减，苟延残喘。美国的工人开始投身于不那么激进的工会中。

　　20 世纪 20 年代初，丝绸行业持续多年、遍及全美各处的罢工运动结束了。这一时期，时尚潮流也有所改变，对于丝绸业的

巴奈特丝绸厂的部分厂区图

工厂厂房比工人住宅高出许多。

摄于 1937 年，新泽西州帕特森市。

发展而言，是一个非常好的时期。衣裙的下摆线越升越高，女士们不希望别人看到自己光着腿，普遍选择穿一层丝袜。与早期的丝绸业相比，这一时期的丝绸业有一个很大区别：美国丝绸制造商已不再指望从国内获取生丝，而将目光转向远东，主要从日本进口生丝。

日本丝绸业的历史，可能起源于4世纪左右，是由朝鲜半岛传入日本。8世纪时，奈良曾经是日本的首都，皇宫中的人们穿用印花丝绸面料。此后不久，日本妇女普遍开始在家中的阁楼里养蚕。养蚕成为日本的一项重要习俗，一直流传至今。每年春天，日本皇后都会在宫殿的花园里养蚕。时光辗转，日本的养蚕业得以完善，他们的丝绸质量堪称世界之最，甚至超过了养蚕鼻祖——中国。他们的成功秘诀在于对细节的关注和把控。

现代社会中，日本人主要将蚕饲养在托盘中，蚕室的温度控制在24～27摄氏度，灯光不眠，也不直射蚕虫。卫生问题至关

美国科尔蒂切利公司的日本工人正在将新孵化的蚕从存放蚕种的纸张上取下，并喂养它们。

FEEDING THE YOUNG SILKWORMS AND REMOVING FROM THE EGG PAPERS THE TINY CORTICELLI SILKWORMS JUST HATCHED.

重要，中国杭州不准蚕妇抽烟、化妆，甚至不准她们吃大蒜。据网站 factsanddetails.com 显示，日本养蚕人至今仍遵循着几个世纪前中国人定下的规矩。

（一）蚕室周围不许有狗吠声和难闻的气味，这些都会惊扰到刚孵化的幼虫。

（二）应将蚕放在干燥、柔软的垫子上休息，必须给蚕提供舒适的环境，供它们睡觉、吃饭、产丝。

（三）若某条蚕有变异、与大多数蚕的节奏不同步，就要把它埋了或拿去喂鱼，避免蚕丝出现变化。

（四）新孵化的幼蚕总是昏昏欲睡，要用鸡毛给它们挠痒痒，促进它们发育。

（五）蚕妇应穿着干净简单的衣服，身上不能有难闻的气味，不能吃东西，甚至不能碰茴苣，避免污染蚕室的空气。

这些娇生惯养的蚕宝宝们几乎都是在人们的家中吐丝结茧的，而在日本的主要产丝地区，鼎盛时期有 25000 个养蚕的家庭。19 世纪时，日本主要向法国出口蚕丝，在巴斯德发现寄生虫影响法国养蚕业后，日本也负责向他们出口桑蚕。20 世纪 20 年代，美国丝袜制造商所需的生丝，也基本都从日本进口。

19 世纪下半叶，日本开展明治维新运动，试图通过引进西方近代工业技术，加快日本工业化进程，赶上西方的发展。而此时，蚕丝作为日本主要的出口商品，仍以家庭生产为单位进行生产，难以保持统一的标准。因此，政府决定建造一座现代化的、集养蚕和缫丝于一体的综合性工厂。项目的负责人是大藏省的涩泽荣一。他出身于养蚕世家，了解养蚕会遇到的问题。由于当地人没有从事现代制丝技术的经验，因此需要一名技术专家。在横

1893 年，日本丝绸商人向潜在客户展示商品。

滨从事丝绸贸易的法国人保罗·布鲁纳特，担任了该工厂的技术监督一职。他与尾高惇忠一同工作，后者后来担任工厂的厂长。制丝厂的厂址选在福冈，因为当地有家庭丝绸工业，并且有作为燃料的煤矿。政府将福冈制丝厂的施工委托给法国人埃德蒙·奥古斯特·巴斯蒂安。因此，它的外观与日本传统建筑风格大相径庭。巴斯蒂安使用木质结构作为建筑主体，再用砖作内部支撑，最后装上玻璃窗。他的团队首先教日本人制造砖块，这标志着日本大规模制砖业的开始。由此，日本人的建筑理念从东方理念转向西方理念：他们从法国引进窗户，从里昂进口施工机械，由法国专家帮助他们调试设备、训练工人，并在施工现场设有宿舍楼。

他们从 1871 年 3 月开始建厂，到了 1872 年 7 月开业时，工厂建筑相当宏伟，有两个放置蚕茧的大仓库，缫丝厂内陈设有300 台最新款的法国缫丝机。硬件设施一切都准备就绪，唯独缺少劳动力。工厂希望雇用女性员工，但最初无人应聘。女工们没有工厂工作的经验，她们还对外国人保持着警惕。日本人经常可以看到法国人在用餐时喝红酒，因此谣言四起，说外国恶魔想要将女工骗到工厂喝人血。尾高惇忠的女儿自告奋勇，成为新工厂的第一名女工，破除了谣言，解除了其他女性的疑虑，招聘才正式开始。此时，工厂不仅需要普通工人，还要培训出一批能出去传播新技术的培训师。对于日本女性来说，培训师是一份体面的工作，因此，包括武士阶级在内的上流社会家族，都派家里的女性前往工厂接受培训。当地人称她们为"丝绸公主"。

女工们需要住在工厂的宿舍中，以 20 人为一组，每组都有

日本皇后参观新开的福冈丝绸厂。

自己的主管。她们每周工作六天，每天工时很长，周日休息；但她们要利用周日洗衣服，实际上也得不到什么休息。工厂纪律严明，很少允许女工离开工厂大院，工作期间严禁交谈。最初，女工们都需要在存放茧的房屋干活，那里热气腾腾，散发着难闻的气味。而后，她们可以转到缫丝车间工作，她们对此十分期待，但何时能更换工作则需要监工决定。一位名叫横田荣的女工写了一本工厂日记，日记中记载了一件让她沮丧的事儿：她所在地区的所有女孩都被留在茧房中，而后来入厂的另一个地区的女工却可以去缫丝，仅仅因为那些女孩儿和监督者是同乡。留在茧房的女工们提出抗议，她们最终也去了缫丝车间——主管将一切都归咎于外国人身上。而后，他们了解到，工厂的女工都会被评为一等工、二等工、三等工及末等工。等级越高，工资越高；一等工每月可得 18 日元，而末等工每月只有 6 日元。横田荣写道，当她被列为一等工时，"欣喜若狂，泪流满面"。总体而言，女工们工作条件艰苦，但待遇良好，定期可领取夏装和冬装的服装津贴，并享受美食和医疗护理——她们的前途一片光明。而后，许多人回到家乡，在新建造的工厂中培训丝绸女工。

福冈制丝厂实现了培训员工的主要功能，并向全国各个制丝厂传播了新技术。1893 年，政府将工厂卖给米苏家族，之后又转手给哈拉公司，后者又被当时日本最大的生丝制造商镰仓丝纺公司并购。1987 年，制丝厂停产，并于 2014 年捐赠给福冈市政府进行保护，现已被联合国教科文组织列为世界文化遗产。

1830 年出生的高三丈五郎，对日本丝绸业的发展做出了巨大贡献。他对养蚕十分感兴趣，开发出塞翁伊克（Seion-Iku）系统，该系统通风良好，温度可控，可用于高温存放茧、低温存放蚕卵。他还创立了养蚕教育机构"养蚕改良高山社"，惠及日本本土及外国学生。现在，这家教育机构已成为福冈制丝厂的一部分，一起被列入世界文化遗产名录。

女工抽丝剥茧图

1910 年前后，日本丝绸工厂。

展示日本各行各业的彩色展板之一。

日本的生丝一则出口海外，二则主要供给本国的上层阶级。和服这一日本的传统服饰，非常适合使用奢华的面料裁制。日本天皇和朝廷最初主要依赖进口丝绸，但后来开始使用本国丝绸。和服这种服饰虽具有悠久的历史，但其名字却比较现代。在西方人眼中，"和服"二字颇具异国情调，但日语中，它的意思仅仅是"着物"，因为男女都需穿着它。冬季的和服具有里衬，而夏季的没有。和服上非常适合装饰各类纹样物品，因为它仅由一卷布制成，并使用腰带固定。与西方时装不同，和服的样式几乎没有随时代的变迁而改变。但社会阶层越高，和服的刺绣和印染就越精致。和服的腰带需要精心设计，纹样既具象征意义（鹤象征着长寿），也具社交信息。若一位女士的和服上印有文学作品的标记，便是她在告诉世人，她在闲暇中爱好阅读。20世纪30年代，日本民族主义者开始为青年男子制作军国主义题材的和服，上面印有战舰、战斗机等纹饰。质量最为上乘的和服堪称是艺术品。

20世纪20年代，日本向美国出口生丝的业务开始受到影响。日本方面最初的应对措施是削减工人工资，将工资削减至法国和意大利丝绸工人的一半。但日本丝绸业遭遇的最大打击，则是因为他们引进了美国研制出的新材料——人造丝。

人造丝以"合成丝绸"而闻名，但事实上，它充其量只能算得上一种劣质丝。许多公司都试图合成出更好的人造丝。其中一家即为杜邦可丽耐，1920年，它以400万美元收购了一家法国人造丝公司60%的股份。公司更名，简化为杜邦公司。他们花费了大量资金进行科研，以期提高人造丝的质量，让它变得更柔软。仅一年的科研预算费用就高达数百万美元。然而，最初科研并没有得到良好的结果。1926年，杜邦化学部门的负责人查尔斯·斯汀发出了一份内部通知，宣称需要全部推翻现有的研究方法。当时他们正在改进现有的人造丝材料，而实际上应该去研发一种新的、更好的材料。而研发新材料需要一个可以进行"纯粹"科

学研究的实验室。这一想法得到了上级领导的认可，斯汀获得授权，可每月以 25000 美元的预算雇用 25 名顶级化学家，按今天的价格计算，每月科研经费预算为 36.5 万美元。

　　然而，顶级化学家并不愿意前往杜邦公司工作，他们怀疑，这家公司实际上无法实现他们研究成果的商业价值。此时，一位

精美的日本丝绸和服，绣有"生命之树"纹样。

年轻的有机化学家威廉·休姆·卡罗瑟斯从哈佛大学加入了杜邦公司。他开始进行一项基础研究——研究聚合物，即高分子材料的性质。当时的一种理论认为，聚合物是胶体，以微小颗粒的形式均匀分布在其他介质中；另一种理论则认为，聚合物是长链分子。卡罗瑟斯认可第二种理论，并开始实验验证。他取了一系列有机短分子，想要将它们合成为长链分子。1930 年，卡罗瑟斯的同事用乙醇和酸合成出一种长聚合物，即世界上的第一种聚酯。这一成果立即引起人们的关注，因为当该物质冷却时，形成的脆性片段可以延展到原长度的四倍，并且比原来更有弹性。但这种聚酯并没有直接的商业价值，因为其熔点非常低，不仅危险，还无法熨烫（一熨烫就分解）。但它的出现，表明这一领域具有研究价值。

卡罗瑟斯的团队进行了四年研究，却无法实现新材料的商业价值。他们所得的高分子材料，或是低熔点，或是溶于水，或是两者兼而有之。卡罗瑟斯改变了策略，不再研究聚酯，而改为研究聚酰胺。聚酰胺也是长链聚合物，但它们含有酰胺基团，该酰胺基团由一个氮原子和两个氢原子组成，这三个原子来自氨。1934 年 5 月，卡罗瑟斯的团队成员唐纳德·科夫曼生产出一种具有聚酯所有优点、但不含聚酯缺点的纤维。此时的纤维还不够理想，直到 1938 年才终于得以投产。杜邦决定，只使用这种材料制作女士长袜。这个市场十分之巨，此前，美国每年需向日本支付超过 7000 万美元进口生丝，才能满足制袜需求。而刚造出来的这种不成熟的新材料，可以满足廉价市场的需求。现在，需要给它起一个吸引人的名字。最初起名为"那龙"（Nuron），是"别跑"（no run）的反向拼写。这个名字卖点很好，但存在版权问题，因此改为"Nilon"，但由于字母具有两种不同的发音，让人无法确定这个单词到底读什么，因此将字母 I 改为字母 Y。新材料正式起名为"尼龙"（Nylon）。

尼龙一经面世便引起了轰动，但起初产量却不高。1938 年
10 月，正式推出首批 4000 双丝袜，刚一出现便被抢购一空。产
品花了很长时间才得以全面投产，而最终长袜以每双 1.15 美元的
低价向大众销售，第一天售卖时，到中午商店就断货了。1940 年，
杜邦公司卖出了价值 900 万美元的尼龙纱线，次年飙升至 2500
万美元。这对杜邦来说是个好消息，但对日本丝绸制造商来说却
是灾难。在日本，谣言四起，认为尼龙的发明是美国人的阴谋，
他们想要攻击日本的工业增长，而且尼龙（Nylon）是个首字母缩

1946 年，售货员向
顾客展示尼龙袜。

略词，意为"现在你嘲笑日本"（Now You Laugh On Nippon）。

美日战争爆发之时，尼龙又有了新用途，主要用于制作降落伞和防弹衣。尼龙长袜很少见，在英国更是稀缺，年轻女性常常只能在腿后部画出黑色长袜标志性的、讨人喜欢的深色接缝，一位前往英国的美国大兵很快便发现，与女士第一次见面时，送她一双尼龙袜比送一束玫瑰花更让她开心。战争结束后，杜邦开始全面生产尼龙袜，一上市就引发了"尼龙骚乱"。1946 年 6 月，匹兹堡约有 4 万人排队等候购买一双特价尼龙袜，而袜子只有 13000 双。人们接受了尼龙这种面料，甚至连高级时装店的裁缝们也选用它来做时装，但这种情形无法持续太久。我们确定，女性的时尚终将迎来大的变革，而男性的时装则比以往更显沉闷。人们开始再次追逐天然纤维制成的面料，因为尼龙面料和人造丝相当便宜、略显俗气。就这样，丝绸再次回到了我们的视野中，当然啦，它一直都存在于世界上的某些角落里。

在本书的第四章，我们曾讲述过印度的丝绸业发展情况。莫卧儿帝国时期，丝绸业在阿格拉和法塔赫布尔西格里（胜利之城）等大城市中蓬勃发展，后者曾是一座举世瞩目的大都市，现在已经空留遗址了。1599 年，英国人成立不列颠东印度公司，希望在利润丰厚的香料贸易领域站稳脚跟。但实际上，荷兰人已经垄断了香料群岛的生意，英国人只好转而去印度寻求利益点。早年间，英国商人依附于印度宫廷，但没有取得什么成就。得知英国海军战胜葡萄牙人时，贾汉吉尔没有表现出什么兴趣，但他对英国獒犬却颇感兴趣——这只獒犬竟能与豹子战斗并杀死豹子。他的继任者沙贾汗对世界局势兴致不高。莫卧儿帝国走向衰落，而东印度公司的影响力却逐渐扩大，最后一度"垂帘听政"，在背后统治了这个国家。英国统治时期，不列颠东印度公司的主要目标并非帮助当地人繁荣他们的工业，而是赚取高额利润，再回英国享用。

起初，英国商人从印度购买装饰精美的丝绸运回英国，并发现丝绸在英国大受欢迎。迫于英国织工的反对，公司不再将成品面料送回英国，转而开始进口丝线，但这一改变惨遭失败。英国织工认为，印度生丝不如其他产地的生丝，因此，东印度公司出现亏损。1835 年，公司完全放弃了丝绸贸易。这一举措对印度丝绸业产生了毁灭性的打击：印度制丝业缺乏投资，意味着他们需要继续使用手摇织机，生丝质量也有所下降。因此，印度不再出口优质丝绸，主要出口价格低廉的废丝。印度人认为自己缫的丝"布满结，末端松散，韧度不均"。他们本国的织工也都更喜欢使用从中国进口的生丝。贾瑟（G.B. Jathar）和贝利（S.G. Beri）在他们 1929 年出版的《印度经济学》一书中，讲述了戏剧性的一幕：1845 年，印度丝绸的出口价是 3560 万卢比；而到了 1925 年，竟仅为 29.58 万卢比。

书中描述了 20 世纪 20 年代，印度为改善丝绸出口状况所做的努力。当时孟加拉省的农业部门开办了两所养蚕学校。学生毕业时可获得一笔小额补助和蚕种，鼓励他们建立蚕室开始养蚕。此外，政府还对进口丝绸征收高额关税；当时还兴起了一场运动，促使家庭手工业提高工作效率；孟买建立了六所纺织学校。然而，他们并不急于实现工业化，反而出台政策，鼓励使用手织机的织工生产华丽的丝绸面料。他们将目光投向了有钱人，希望能从那里赚钱。这一政策还得到了印度政治领袖——圣雄甘地的拥护。虽然有人认为，甘地热情地鼓励当地发展丝绸业。但事实上，他希望这一行业能走向末路，因为他坚决反对为了人类利益而杀生。丝绸行业无疑需要在蛹化成蛾之前就杀死它们，这个过程并不人道。近年来，西方社会的动物保护者再次提出这一论点，并取得了一定支持。2018 年，英国时装公司 ASOS 宣布，不再销售任何丝绸面料的衣物。

印度独立后，印度政府采取了独特的纺织品生产管理办法。

一方面，丝绸纺织业是印度经济的重要组成部分，需要政府的扶持；另一方面，数百万人以此为生，大规模推行纺织技术现代化将导致大批人口失业问题。因此，政府限制了配备新型纺织设备的工厂数量，重点进行合作办厂，同时使用动力织机和手织机。使用动力织机者，可一人操作一台织机，或是一人管理一个小作坊。若您环游印度，便可以领略到这个国家非凡的多样性：您可以参观世界上最现代化的工厂，也可以在村庄里看到织工使用坑式织机织布。顾名思义，坑式织机即在地上挖坑，织工坐在坑里操作踏板。大多数织机至少已经"现代化"地使用了两个多世纪

现代印度的即兴创作作品
使用自行车轮制造的简易络丝机。

从阿萨姆邦的木薯蚕中提取蒙加蚕丝。

丝绸面料：展示出蒙加蚕丝华丽的金色质感。

以前的飞梭。有些甚至还只能使用底部平滑的"船"徒手穿梭。我买了一个这种梭，当作纪念品带回国，放在我的窗台上——它确实很像船，曲线光滑，末端很尖。不同地区的丝绸业都有其特色。在阿萨姆邦，当地琥珀蚕所产的丝可以用来生产带着金色光泽的蒙加丝。这种丝非常珍贵，曾经只用于制作皇家服饰。而今也是珍贵的出口面料。

然而，多数印度丝绸业的从业人员只能从事制丝工作。2018年至2019年的统计数据显示，印度养蚕业分布在52360个村庄中。丝绸业中的养蚕业和制丝业两个分支，共为近900万印度工人提供了就业机会，使它成为世界第二大丝绸生产国，年出口额超过2.5亿美元。现在，印度政府正在设法推动丝绸行业增加产量，其一要改良蚕蛾品种。熟悉养蚕业的朋友们必然知道，家蚕在极炎热的气候中表现不佳，而印度的夏天确实非常炎热。为了解决这个问题，研究人员研究培育了各种耐热的杂交品种。安得拉邦的养蚕研究所最近培育出一种转基因蚕，不仅能经受高温，还能抵抗过去一直困扰着养蚕者的各种病毒。他们向各地的养蚕者发放这种转基因蚕。印度的丝绸业正如它生活中的方方面面，是传统与现代的结合。几个世纪以来，印度国内大部分市场都

| 泰国丝织工艺

满是色彩丰富的纱丽，纺织者们还编织各种不同面料，以满足西方，尤其是美国顾客的口味。蚕的品种虽然已经改变，但养蚕的方式仍遵循旧例。印度的丝绸业如此多变，很难预测它未来的发展方向。

　　亚洲自始至终都保持着丝绸生产中心的重要地位，但这一行业在一些地区的发展速度远超其他地区。从前，泰国的丝绸业远远落后于其邻国；泰国的富人更喜欢中国进口的面料，不爱穿他们本国的织品。但到了 20 世纪，泰国丝绸业形势大变，这种转变主要归功于一位前美国军官的不懈努力。第二次世界大战期间，吉姆·汤普森曾在美国战略局任职。战争期间，他在世界各地搜集情报，并爱上了泰国。1946 年，他离开了美国战略情报局，定居泰国，并与人合伙成立了泰国丝绸公司。他对现代制造业并不感冒，一心想要振兴泰国迅速衰落的手摇织机产业。他专门生产闪光绸，这种面料的经线为一种颜色，纬线为另一种颜色。我父亲曾在曼谷工作了很多年，我清楚地记得，他回家时给我母亲带了泰国丝绸。在我还小的时候，就对这种面料印象深刻，它在移动中，可以不断变幻出不同颜色，十分神奇。1956 年电影版的《国王与我》中，演员穿着了闪光绸服饰，极大地宣传了这种面料。艾琳·沙拉夫（Irene Sharaff）因用它设计出华丽的服装，而获得奥斯卡金像奖彩色片最佳服装设计奖。她使用了泰国丝绸，美国人也因此喜欢上了这种面料。但这部电影在泰国不幸被禁，因为电影中讲述了国王的故事。吉姆·汤普森也如愿实现了振兴手摇织机行业的目标，但这个故事的结局十分离奇。在汤普森曼谷住所的墙上，有一个星座图，预测 1967 年是不吉利的一年。正是那一年，汤普森在马来西亚的森林里散步时失踪了，从此再也没有出现。

　　亚洲丝绸业的发展，致使欧洲丝绸业停滞不前。曾经欣欣向荣的意大利丝绸工业败给了廉价的中国进口丝线，工厂一个接一个地倒闭，最终一个都没能留下。近年来，意大利丝绸业再次复兴，这在很大程度上要归功于古驰和华伦天奴等大型时装公司。他们宣布，计划开办 1000 家蚕厂。他们已经开办了多家工厂，丝绸业在意大利北部城市科莫蓬勃发展，让科莫获得了丝绸中心的美誉。养蚕制丝业在 40 年后重返意大利，主要由于经济原因所致。虽然意大利的劳动力成本可能远高于中国，但运输成本低且无须支付进口关税。中国丝绸价格急剧上涨，与本地丝绸价格相差无几。养蚕业变化不大，但制丝技术发生了重大变革。科莫拥有最先进而独特的数码印花技术，设计出了一系列令人叫好的新作品，因此而享誉海内外。新设计师青睐并使用本地丝绸。但这些都不会对中国丝绸业造成太大影响，因为中国丝绸业占据世

2018 年的中国丝绸纺纱厂

界丝绸五分之四以上的产量。

随着中国工业的发展，许多年轻人不愿留在乡下、去丝绸厂工作，他们想要去城市生活。可以说，丝绸的世界正在悄然变化，但它已经发展变化了 4000 多年，没有理由不继续变化下去。但是，没人能预料到，除了蚕丝之外，竟然还能用其他生物的丝织制衣服，现在它已成为现实。

第十三章

人造丝与蜘蛛网

有一种天然丝，我们都认为它很讨厌，经常大手一挥就把它扫除掉了，我们称之为蜘蛛网。其实，蜘蛛是以一种非常复杂的方式吐丝织网的。2020 年 2 月，大卫·罗布森（David Robson）在《新科学家》杂志上发表了一篇文章，描述了研究人员在不起眼的蜘蛛身上所发现的令人惊讶的智慧。我们通常认为，蜘蛛织网纯粹是为了捕捉猎物，但实际上，蜘蛛丝也有许多不寻常的用途。有些种类的蜘蛛能用丝充当它们的"气球"：它们用丝线捕捉微风，用腿上的毛发感知风向，再随风飘到想要到达的新位置。不同种类的蜘蛛织网技术也不同，织网后，它们还会振动网络进行测试，再根据需要进行微调。实验发现，若蜘蛛同时发现两处不同的猎物，它们通常能判断出哪个距离更近，并直奔近的那个猎物而去。通过一系列的实验，可以证明，尽管蜘蛛的大脑很小，但它们可能具备思维能力。因此，蜘蛛在许多方面都比我们大多数人想象的要有趣得多。科学家则对蛛丝的性质更感兴趣。

蛛丝经常被提及的一大特点是它比钢更坚固，就好似它是已知的强度最大的材料。这种观点并不完全正确，因为凯夫拉纤维比蛛丝强度更大。但是，蛛丝既具有极大的抗拉强度，还具有很强的延展性，可以被拉伸开来。抗拉强度和延展性在蛛丝上结合起来，意味着它可以吸收能量而不断裂。它是人类所知最坚韧的材料，凭借这一特性，很有研究价值。但蜘蛛通常很小，蛛丝数量有限，可以用蛛丝织造面料吗？

法国博物学家本·圣海伦（Bon de Saint Helene）相信，蛛丝织物大有可为。18 世纪初，他从家附近的小屋中收集蜘蛛，并用蛛丝织制了一双长袜和一副手套，上交给法兰西学术院。之后，他又用蛛丝为路易十四织制了一件衣服，但国王穿上这件衣服并不太好，他十分尴尬、恼怒，圣海伦也非常懊恼。19 世纪，保罗·坎布埃（Paul Camboué）也尝试使用蛛丝编织。他是一位耶稣会传教士，1882 年，他抵达马达加斯加，大量研究当地动植物，发现了许多以前从未记录过的物种，并被金圆蛛深深吸引了。迄今为止，已经发现超 48000 种不同类型的蜘蛛，但金圆蛛十分不同。它很大，约为普通人一只手的大小，可以结出金色的网，并因此而得名。

坎布埃决定尝试用金圆蛛的丝织制面料。他先制造了一种装置，并称其为"断头台"，因为这个木制装置可以将蜘蛛头固定在一侧，腹部固定在另一侧；但与真正的断头台不同，这一装置并不致命，一旦蜘蛛就位，只需用手指轻触蜘蛛腹部后侧，蜘蛛便开始吐丝，而后可以用手将丝拉出来。他在塔那那利佛建立了一个特殊的蜘蛛农场，雇用当地女孩缫丝、纺纱、编织。1900 年，他将一个蛛丝床罩送到巴黎博览会展出。然而，没有人开发出蛛丝织物的商业价值，100 年来，再没有其他人尝试用蛛丝进行编织了。

2004 年，英国人西蒙·皮尔斯（Simon Peers）和美国人尼古拉斯·戈德利（Nicholas Godley）决定重新启用坎布埃的方法。他们也在马达加斯加找到一些雌性金圆蛛，并使用"断头台"让蜘蛛吐丝。他们每天都收集蜘蛛，并把它们带到蜘蛛工厂产丝。一批蜘蛛有 24 只，它们所吐的 24 根丝可以缠绕在一起，捻成一股线。制衣时，再并丝，以 48 根丝合成一股制作里衬，96 根丝

| 雌性金圆蛛

合成一股制作衣服的主体部分。许多报道中，都说他们二人用了100 万只蜘蛛的丝，而事实上，蜘蛛工厂只有 2 万多只蜘蛛，每只蜘蛛都反复吐丝，才造出了百万根丝线。他们使用手工织机，织制了一条披肩和一件斗篷。披肩使用马达加斯加传统纹样；斗篷更加精致，不仅纹样复杂，还添加了贴花和刺绣。2012 年，该斗篷在伦敦维多利亚与阿尔伯特博物馆展出。这件斗篷非常精美，天然的金色令人惊叹不已，但是制作工艺复杂，工作量大，需要数年才能完成。它因成本过高，也不具备明显的商业价值。但它确实展示出了蛛丝坚韧、美丽的特性，令人向往。与当年研究蚕丝时一样，人们终于有动力在实验室中研究蛛丝了。

犹他州立大学的兰迪·刘易斯（Randy Lewis）教授开始尝试研究蛛丝，他建立了一个蛛丝实验室。在制造人造丝前，首先需要了解天然蛛丝的成分。20世纪90年代，刘易斯教授的团队克隆了蛛丝并对其进行蛋白质测序。以此为始，进行了多年实验，确切地找出了赋予蛛丝以强度和延展性的蛋白质。他们惊讶地发现，蛛丝中的这种蛋白质也在山羊奶中存在，因此，他们对山羊进行基因改造，希望能让山羊产丝。还有人发酵转基因细菌来制丝。博尔特丝线公司发现了发酵制丝法的商业价值，它成立于旧

马达加斯加金圆蛛的蛛丝制成的金色斗篷
2012年在维多利亚与阿尔伯特博物馆展出。

金山附近，使用发酵制丝法生产"蜘蛛丝绸"面料。

剑桥大学采用了一种新的制丝方法。2017 年 7 月，艾米丽·马查尔（Emily Matchar）在《史密森尼》杂志上发表了一篇文章，文中描述了剑桥大学天然材料创新中心的达希尔·沙（Darshil Shah）所阐述的问题。他说："蜘蛛非常有趣，它们可以在室温下使用水作为溶剂，生产出高质量的蛛丝纤维。蜘蛛的这项能力已经进化了数亿年，到目前为止，我们还无法复制它。"然而，剑桥大学团队确实生产出一种纤维，它是以 98% 的水和 2% 的二氧化硅和纤维素组成的凝胶状态，被葫芦脲（瓜环）结合在一起——这些有机大分子看起来像南瓜，因此得名瓜环。1905 年，首次合成这种有机高分子纤维材料，对于合成其他大分子材料提供了宝贵的经验。可以将二氧化硅和纤维素的纤维从凝胶中拉出，拉出 30 秒后，水分蒸发，只留下坚韧而有弹性的纤维。这种纤维虽然没有天然蜘蛛丝那么坚韧，但两者的韧性已经非常接近。这种材料的优势是，它可以在室温下使用现成的材料进行合成，不需要使用化学溶剂，整个过程非常绿色环保。如果能扩大生产规模，也许未来就可以使用不同的原材料合成新纤维了。沙的团队还面临一个问题，他们需要思考如何将实验室的纤维制造流程扩大到工业生产中去。现在，许多团队都开始研究人造蜘蛛丝，毫无疑问，他们必将取得成功。但现在讨论这一问题还为时过早，要知道，科学家研发了 20 年，才制造出尼龙。

从传说中千年前蚕茧落入嫘祖的茶杯至今，丝绸的发展已经走过了漫长的道路。它一直吸引着人们的目光。真丝织物柔软、耐用、有光泽，冬暖夏凉，在中国乃至世界各地，都是人们最喜爱的织物。在传向世界各地的过程中，不同的知识和思想都在丝绸上得以体现，各种发明和发现都运用到了丝织工艺中。从第一次尝试飞行，到计算机的发展，丝绸似乎无处不在。您之所以能阅读这本书，正是因为造纸术沿着丝绸之路传入了西方；显示每

一页页码的小小数字，来源于印度数字体系，它同样经过丝绸之路传向西方；您所阅读的每一个文字，都是在计算机上逐一敲打出来的，而计算机系统最初也源于自动化提花机的设计思想。同样，丝绸的织造技术代代相传、代代更迭，研究出越来越多的新技术。我来到了欧洲丝绸业的中心与源头——里昂。我在上午参观了织工如何使用手摇织机生产华丽的丝绸面料，下午又去了不远处的一家现代化工厂，那里的无梭织机正在计算机程序的指引下，以惊人的速度生产同样华丽的面料。多年来，科学家们一直致力于研发出具有丝绸所有品质的合成材料，他们已经胜利在望。然而丝绸这位"面料女王"，似乎还要在位多年。

现代科技可以制作出精美的服饰，图中的透明丝绸连衣裙为电动织机所织。

鸣 谢

真诚地感谢本书中每幅插图的提供方：以下将列出图片所在页码及供图方名单。

2　Maigorzala Milaszewska

4　Adam Jones

5　Isabella Lucy Bird

6　摄影师 David Clay

7　Simony

9　Wellcome Trust

13　Shone Atika Span

15　PD−art

16　Adam Jones

17　CC 档案馆

21　美国国家航空航天局

23　G4 im

24　（上图）上海博物馆

24　（下图）PM history

26　Wellcome Trust

29　jingjangjing

35　Ggia

38　Hirkina Makchoemi

40　emell

43   Aachen Cathedral Treasury

45   Fabien Dany

48   Dan Ruth

50   维多利亚与阿尔伯特博物馆

51   Sialkgraph

54   克利夫兰艺术博物馆

56   底特律美术馆

57   Bequest of John L. Severance

58   Daderot

62   Ismoom

63   Henry Townsend

65   Widemer Collection

66   Wellcome

69   Dogcow

73   Conservatoire des Arts et Metiers

77，78   Mme. Pivier

81   Rob Scott

87   Bobulous

89   A. Heeren

90   Daderot

92   Wellcome Trust

96   Derby Museum

99   Hugo Maertens

106   Box River Studio

107   Stephen Walters

109   Clem Rutter

112   Snowmanradio

115　奥克兰博物馆

121　Yercaud-lango

124　Wellcome

128　Tim Green

136　Jeff Kubon

138，139，140　美国国家档案和记录管理局

141　Andrew Jameson

142，144　美国国家档案馆

145　纽约公立图书馆

150，154，155　奥克兰博物馆

157　美国国家档案和记录管理局

158　斯隆基金会

160　《大众科学月刊》

161　明治绘画馆

163　维多利亚大学图书馆

165　Hiart

167　荷兰国家档案馆

170　McKay Savage

171　（上图），Mayondas

171　（下图），Satnath

172　J.J. Harrison

174　Peter K Burian

178　Charles J. Sharp

179　Cmglee

181　Ismoon

参考文献

BAKER, Patricia L., *Islamic Textiles*, British Museum Press, 1995.

BRACKETT, L. P., *The Silk Industry in America*, 1862 **ENGLISH**, W., *The Textile Industry*, 1969.

HANSEN, Valerie, *The Silk Road*, OUP USA, 2012.

JATHERS, G.B. and BERI, S.G., *Indian Economics*, 1931.

POLO, Marco, LATHAM, r (translator and editor) , *The Travels*, Penguin Classics, 2015.

MILLS, L.J. (ed), *The Textile Educator (3 vols)*, 1927.

SINGER, Charles, HOLMROYD, E.J., HALL, A.R., WILLIAMS, Trevor I. (eds), *A History of Technology (7 volumes)*, 1954–1978.

STEIN, Aurel, *Ruins of Desert Cathay*, 1912.

VAINKER, Shelagh, *Chinese Silk*; *A Cultural History*, British Museum Press, 2004.

WARNER, Sir Frank, *The Silk Industry of the United Kingdom*, Forgotten Books, 2004.